江西财经大学"江西省生态文明制度建设协同创新中心"资助
国家社会科学基金重点项目（No. 15AZD075）

经济管理学术文库·经济类

农户生计资产对
土地利用的作用研究

Study on the Influence of Farmers' Livelihood Assets on Land Use

刘志飞　谢花林／著

经济管理出版社
ECONOMY & MANAGEMENT PUBLISHING HOUSE

图书在版编目（CIP）数据

农户生计资产对土地利用的作用研究/刘志飞，谢花林著.—北京：经济管理出版社，2017.12

ISBN 978-7-5096-5559-7

Ⅰ.①农… Ⅱ.①刘… ②谢… Ⅲ.①农村—土地利用—研究—中国 Ⅳ.①F321.1

中国版本图书馆 CIP 数据核字（2017）第 306072 号

组稿编辑：杨国强
责任编辑：杨国强 张瑞军
责任印制：黄章平
责任校对：陈 颖

出版发行：经济管理出版社
　　　　　（北京市海淀区北蜂窝 8 号中雅大厦 A 座 11 层 100038）
网　　址：www. E-mp. com. cn
电　　话：(010) 51915602
印　　刷：北京晨旭印刷厂
经　　销：新华书店
开　　本：720mm×1000mm/16
印　　张：12
字　　数：188 千字
版　　次：2017 年 12 月第 1 版 2017 年 12 月第 1 次印刷
书　　号：ISBN 978-7-5096-5559-7
定　　价：68.00 元

前　言

　　农户作为农业经济活动的微观行为主体，是土地利用最基层的决策者及行为主体，其土地利用行为和方式的变化直接决定着土地利用的变化。因此从微观角度探讨土地利用问题，可以为土地管理政策创新提供重要参考。而农户生计是农户谋生的方式，是农户最主要的行为方式，它建立在农户的能力、资产和活动基础之上，决定着农户与地理环境之间的作用方式。而且生计资产又是农户生计结构的基础，其结构与特征决定着农户生计方式的选择及在土地利用中可能采取的行动策略，并最终影响农户的土地利用。因此，从农户生计资产的角度研究土地利用的变化，对于农户的可持续生计和土地可持续利用具有重要的理论及现实意义。

　　中国西部贫困山区具有经济发展水平低和生态环境脆弱的双重特点，过去由于人们对生态环境保护的认识不足、农户生计单一、注重短期效益行为以及人地矛盾的尖锐化等原因导致农地过度开发等不合理的土地利用行为，并由此带来了水土流失、生态环境破坏和土地退化等一系列的环境问题。优化农户生计资产结构、推动农户生计多样化、改变农户土地利用行为与方式有利于缓解西部山区生态环境的进一步恶化。为此，本书以人地矛盾突出、水土流失严重的西部山区——遵义市为研究区域，基于可持续生计分析框架，借助问卷调查、统计学、行为学和计量经济学的分析方法，对农户生计资产对土地利用的作用展开系统研究。

　　全书主要研究内容如下：

　　（1）农户生计资产对土地利用的作用机制：理论分析框架。基于可持续生计分析框架，通过对"自然、政治、经济等背景差异—生计资产差异—生计策略差异—土地利用差异"过程的综合分析构建"生计资产—土地利用"分析框架，揭示农户生计资产对土地利用的作用机制。

（2）研究区农户生计资产的综合评价。首先借鉴国内外已有研究成果，结合西部山区具体情况分析并界定生计资产的内涵；其次在参考国内外相关专家和学者开展的生计资产定量研究的基础上，根据研究区具体的自然资源禀赋、文化生活习俗、生态环境、宗教信仰等，构建适合西部山区的农户生计资产定量评价指标体系；最后基于农户生计策略对农户进行分类并利用评价指标体系对不同生计策略农户的生计资产进行综合评价。

（3）农户生计资产对生计策略的作用。首先分析了农户生计资产对生计策略的作用机理，其次基于研究区农户生计策略的分类和对农户生计资产的评价结果，利用多元 Logit 模型实证分析，研究区农户生计资产对其生计策略的影响，并据此得出相应的结论和政策含义。

（4）农户生计资产对土地利用方式的作用。首先分析了农户生计资产对土地利用方式的作用机理；其次基于研究区实地调查的不同生计策略农户土地利用方式的现状和不同生计策略农户生计资产的评价结果，利用多元 Logit 模型实证分析研究区不同生计策略农户生计资产对其土地利用方式的影响。

（5）农户生计资产对土地利用集约度的作用。首先分析了农户生计资产对土地利用集约度的作用机理；其次构建模型测算了不同生计策略农户土地利用集约度；最后利用 OLS 和分位数回归估计方法，实证分析研究区不同生计策略农户生计资产对土地利用集约度的影响。

（6）农户生计资产对土地利用效率的作用。首先分析了农户生计资产对土地利用效率的作用机理；其次基于研究区的实地调查数据和不同生计策略农户生计资产的评价结果，运用 DEA 模型方法测算不同生计策略农户的土地利用效率；最后运用 OLS 回归方法以及 Koenker 和 Bassett（1978）提出的分位数回归方法实证分析不同生计策略农户生计资产对土地利用效率的影响。

通过对以上内容的研究，本书得出以下结论：

（1）研究区不同生计策略农户拥有的生计资产结构差异较大。

1）不同生计策略农户的生计资产总值差异较小，主要是在不同类型生计资产的拥有结构上差异较大。

2）纯农户拥有较多的自然资产和物质资产，有利于其从事传统的农业生产，但其人力资产、金融资产和社会资产较匮乏，不利于其从事现代农业生产。

3）非农户和兼业户拥有较多的人力资产、金融资产和社会资产，有利于其生计策略的多样化，但由于其自然资产和物质资产较匮乏，也不利于其返乡创业成为现代农业的生产经营者。

（2）不同生计资产对农户生计策略选择的影响不同。

1）自然资产和物质资产对农户生计策略的选择具有显著的负向影响。即自然资产和物质资产越多的农户，越倾向于选择从事农业生产的生计策略。

2）人力资产和金融资产对农户生计策略的选择具有显著的正向影响。即人力资产和金融资产越多的农户，越倾向于选择从事非农生产的生计策略。

3）社会资产对农户生计策略的选择没有显著影响。

（3）不同生计策略农户生计资产对土地利用方式的影响差异较大。

1）从农户土地的种植结构看，纯农户的选择具有多样性，虽然大部分农户选择传统粮食作物种植，但也有不少农户选择粮食和经济作物混合种植，并没有农户把土地转出和抛荒。而兼业户和非农户的选择比较单一，他们更多地选择土地转出或抛荒。

2）不同生计策略农户由于其拥有的生计资产性质和结构不同，其选择的土地作物种植结构也不同。拥有较多自然资产和物质资产的农户倾向于选择传统粮食作物种植或粮食和经济作物混合种植，而拥有较多人力资产、金融资产和社会资产的农户倾向于选择经济作物种植或土地转出或抛荒。

3）生计资产对不同生计策略农户土地利用方式的影响不同。自然资产、物质资产和社会资产对所有农户土地利用方式的选择都有影响，而人力资产和金融资产只对兼业户和非农户的土地利用方式选择有显著影响。

4) 生计资产对农户不同的土地利用方式选择的影响不同。在粮食作物种植与粮食和经济作物共同种植的选择上,影响纯农户选择的生计资产因素为社会资产。影响兼业户选择的生计资产因素为物质资产和社会资产。而影响非农户选择的生计资产因素是自然资产、物质资产、金融资产和社会资产。在粮食作物种植和经济作物种植的选择上,影响纯农户选择的生计资产因素为自然资产和物质资产。影响兼业户选择的生计资产因素只有自然资产,而生计资产对非农户选择的影响并不显著。在粮食作物种植与土地转出或抛荒的选择上,由于纯农户没有土地转出或抛荒,因此生计资产对这种土地利用方式选择不产生影响。影响兼业户选择的生计资产因素是自然资产、物质资产、金融资产和社会资产,而影响非农户选择的生计资产因素却只有物质资产。

(4) 不同生计策略农户生计资产对土地利用集约度的影响不一样。

1) 不同生计策略农户土地利用集约度存在差异。农户土地利用资本集约度都高于劳动集约度。无论是土地利用资本集约度还是劳动集约度都是兼业户最高,纯农户次之,非农户最低。

2) 农户生计资产对土地利用集约度的影响存在较大差异。影响纯农户土地利用集约度的生计资产是自然资产、物质资产、金融资产和社会资产。影响兼业户土地利用集约度的生计资产是自然资产、人力资产和金融资产。影响非农户土地利用集约度的主要生计资产因素是自然资产、人力资产和社会资产。

(5) 不同生计策略农户生计资产对土地利用效率有不同影响。

1) 不同生计策略农户的土地利用综合技术效率都不高,但存在较大差异。纯农户的综合技术效率最高,兼业户次之,非农户最低,即随着兼业程度的增加,农户的土地利用效率呈现降低的趋势。

2) 不同生计策略农户土地利用效率的分布差异较大。纯农户的综合技术效率主要分布在0.5~0.8的中高效率区间,兼业户和非农户主要分布在低效率区间。纯农户的纯技术效率主要分布在中等效率区间，兼业户则主要分布在低效率区间，而非农户主要分布在高效率区间。纯农户和兼业户的规模效率主要分布在中等效率区间，而非农户主要分布在低效率区间。

3）不同生计策略农户土地利用效率差异的主要原因是土地的规模效率差异，即随着土地经营规模的扩大，农户的土地利用效率呈现提高的趋势。

4）不同生计策略农户生计资产对土地利用综合技术效率的影响存在差异。影响纯农户土地利用综合技术效率的生计资产是人力资产、物质资产和社会资产。影响兼业户土地利用综合技术效率的生计资产是自然资产、人力资产、物质资产和社会资产。影响非农户土地利用综合技术效率的主要生计资产只有自然资产有负向影响。

5）不同生计策略农户生计资产对土地利用纯技术效率的影响存在差异。影响纯农户土地利用纯技术效率的生计资产是人力资产、物质资产和社会资产。影响兼业户土地利用纯技术效率的生计资产是自然资产、物质资产和金融资产。影响非农户土地利用纯技术效率的生计资产是物质资产和金融资产。

6）不同生计策略农户生计资产对土地利用规模效率的影响存在差异。影响纯农户土地利用规模效率的生计资产是人力资产、物质资产、金融资产和社会资产。影响兼业户土地利用规模效率的生计资产是人力资产、物质资产和金融资产。影响非农户土地利用规模效率的生计资产是自然资产、物质资产和金融资产。

总之，通过研究我们发现，生计资产是农户生计结构的基础，其结构与特征决定着农户生计策略的选择及土地利用决策，并最终影响到农户的土地利用。在上述研究结论的基础上，本书从改善农户生计资产结构视角提出了如下对策建议：①鼓励土地流转，增加农户自然资产；②强化农民培训，增加农户人力资产；③改善农业基础设施，增加农户物质资产；④加强金融支持，增加农户金融资产；⑤重建社会关系网络，增加农户社会资产。

本书工作得到国家社会科学基金重点项目"中国耕地轮作休耕制度构建

与应用研究——基于利益相关者行为协同的视角"（15AZD075）、国家自然科学基金项目"丘陵山区农地生态转型的发生机制与调控策略研究"（41561040）、江西省主要学科学术和技术带头人资助计划《鄱阳湖地区国土空间开发的生态安全预警机理与风险防范策略研究》（20172BCB22011）和江西省科技落地计划项目"江西省土地生态安全预警信息系统的开发研究"（KJLD14033）等项目资助。

江西财经大学生态文明研究院博士生陈倩茹、何亚芬，硕士生张道贝、谢雪、程玲娟、吴菁、王柏浩、金声甜、姚干、翟群力、童飞德和张晏维等参与了书稿的校对工作，在此对他们表示衷心的感谢！

本书适合土地资源管理、农业经济管理、地理学、环境管理和人口、资源与环境经济学等专业的本科生和研究生阅读，也可以作为政府工作部门人员参考用书。

目　录

1　绪论 ……………………………………………………………… 1

　　1.1　研究背景与意义 ………………………………………… 1

　　1.2　国内外研究进展 ………………………………………… 3

　　1.3　研究内容与目标 ………………………………………… 19

　　1.4　研究区域与数据来源 …………………………………… 21

　　1.5　研究方法与技术路线 …………………………………… 24

　　1.6　可能的创新与不足之处 ………………………………… 25

2　理论基础和分析框架 …………………………………………… 29

　　2.1　基本概念的界定 ………………………………………… 29

　　2.2　可持续生计理论 ………………………………………… 32

　　2.3　农户土地利用的相关理论 ……………………………… 37

　　2.4　生计资产对土地利用的作用机制：理论分析框架 …… 44

3　农户生计资产的综合评价 ……………………………………… 49

　　3.1　指标体系的构建 ………………………………………… 50

　　3.2　指标权重确定 …………………………………………… 53

　　3.3　数据的标准化处理 ……………………………………… 58

　　3.4　综合评价方法 …………………………………………… 59

3.5 评价结果 ⋯⋯⋯⋯⋯⋯⋯⋯⋯⋯⋯⋯⋯⋯⋯⋯ 59

3.6 结论与讨论 ⋯⋯⋯⋯⋯⋯⋯⋯⋯⋯⋯⋯⋯⋯⋯ 63

4 农户生计资产对生计策略的作用 ⋯⋯⋯⋯⋯⋯⋯⋯ 65

4.1 农户生计资产对生计策略的作用机理 ⋯⋯⋯⋯⋯ 66

4.2 农户生计资产对生计策略的影响 ⋯⋯⋯⋯⋯⋯⋯ 67

4.3 结论与讨论 ⋯⋯⋯⋯⋯⋯⋯⋯⋯⋯⋯⋯⋯⋯⋯ 71

5 农户生计资产对土地利用方式的作用 ⋯⋯⋯⋯⋯⋯ 73

5.1 农户生计资产对土地利用方式的作用机理 ⋯⋯⋯ 74

5.2 不同生计策略农户土地利用方式比较 ⋯⋯⋯⋯⋯ 78

5.3 农户生计资产对土地利用方式的影响 ⋯⋯⋯⋯⋯ 82

5.4 结论与讨论 ⋯⋯⋯⋯⋯⋯⋯⋯⋯⋯⋯⋯⋯⋯⋯ 86

6 农户生计资产对土地利用集约度的作用 ⋯⋯⋯⋯⋯ 89

6.1 农户生计资产对土地利用集约度的作用机理 ⋯⋯ 91

6.2 农户土地利用集约度的测算 ⋯⋯⋯⋯⋯⋯⋯⋯⋯ 95

6.3 农户生计资产对土地利用集约度的影响 ⋯⋯⋯⋯ 97

6.4 结论与讨论 ⋯⋯⋯⋯⋯⋯⋯⋯⋯⋯⋯⋯⋯⋯ 107

7 农户生计资产对土地利用效率的作用 ⋯⋯⋯⋯⋯ 109

7.1 农户生计资产对土地利用效率的作用机理 ⋯⋯ 111

7.2 农户土地利用效率的测算 ⋯⋯⋯⋯⋯⋯⋯⋯⋯ 115

7.3 农户生计资产对土地利用效率的影响 ⋯⋯⋯⋯ 122

7.4 结论与讨论 ⋯⋯⋯⋯⋯⋯⋯⋯⋯⋯⋯⋯⋯⋯ 150

8　研究结论及政策启示 ……………………………………… 153

　　8.1　研究结论 ……………………………………………… 153

　　8.2　政策启示 ……………………………………………… 158

　　8.3　研究展望 ……………………………………………… 160

参考文献 …………………………………………………… 163

后　记 ……………………………………………………… 179

1 绪　论

1.1　研究背景与意义

　　土地利用/覆被变化（LUCC）是全球变化的重要组成部分及主要驱动力（阎建忠，2004），越来越被认为是一个关键而迫切的研究课题（邵怀勇等，2008）。为寻求土地利用变化的驱动力，IGBP 和 IHDP 等机构启动了 GLP（Global Land Project）研究计划，把人和地作为一个系统（Coupled Human-land System）来研究，力图加强自然和人文的界面研究，试图以界面过程为基础寻求综合途径（Moran E. 等，2005）。但以前的大部分研究主要立足于通过建立计量经济模型分析和解释土地利用变化，尝试构建"社会经济因素—土地利用变化"之间的因果关系（吴莹莹，2009）。而现在的研究已意识到社会经济因素不直接驱动土地利用的变化，人们对经济机会的响应会改变土地的利用方式，从而最终会驱动土地利用的变化（Lambin 等，1999）。居民的生计方式在人地系统的动态反馈中扮演着不可忽视的中介作用，是宏观社会经济因素与微观土地利用变化的中间环节（Lambin 等，1999）。因此，农村居民生计方式与土地利用的联合研究已经成为新的研究动向与热点（李秀彬、信桂新，2009）。

　　目前，国内外大量关于土地利用变化的研究主要关注区域尺度，在区域土地利用格局及驱动力方面取得了丰硕成果，然而，由于不以农户这一微观经济行为主体为研究对象，区域尺度的土地利用研究往往缺乏人文行为的细致分析（Overmars 等，2005）。农户作为农业经济活动的微观行为主体，是土地利用的基层决策者及行为主体，其土地利用方式和行为直接决定着土地利用变化。因此从土地利用的微观行为主体角度探讨土地利用问题，可以为土地管理政策创新提供重要参考。生计是人类谋生的方式，它建立在人们的能力、资产和活动基础之上，是农户最主要的行为方式，决定着个体与地理环境之间的作用方式（王成超、杨玉盛，2011）。近年来，一些科学组织尝试用可持续生计框架研究发展中国家的土地利用变化，其研究主要涉及农户生计策略变化的背景、农户生计多样化策略下的土地利用、农户生计变化的环境效应等（Alastair Bradstoe，2005；BedruBabulo，2008；J. A. E. van Oostenbrugge，2004；Gina Koezbers，2005；Alastair Bradstock，2005；B. Mc-Cusker，2005；C. J. Barrow，2000；Kimseyinga Savadogo；1998）。这些发展中国家的案例对研究我国农村土地利用变化有借鉴意义。然而，已有的研究很少从生计结构的基础即生计资产的角度研究农户土地利用的变化。事实上，生计资产是农户生计结构的基础，其结构与特征决定着农户生计方式的选择及在土地利用中可能采取的行动策略，并最终影响到农户的土地利用（苏芳，2009）。现有的研究没有揭示不同生计资产类型的农户土地利用的差异，无法解答是否所有的农户都降低复种指数，减少劳动投入，撂荒耕地的问题。不同生计策略农户拥有的生计资产是否有差异？农户的生计资产如何影响其生计策略的选择？不同生计策略农户土地利用行为和方式有何差异？农户生计资产对土地利用的作用机制如何？其土地利用行为是否具有可持续性？特别是党的十八届三中全会《决定》指出："赋予农民更多财产权利，赋予农民对承包地占有、使用、收益、流转及承包经营权抵押、担保权能，赋予农民对集体资产股份占有、收益、有偿退出及抵押、担保、继承权。"这些政策的实行对农户的生计资产和土地利用有何影响？这些问题都有待研究解决，以期为我国转型期农业和农村的发展提供科学依据。因此，从农户生计资产的角度研究土地利用的变化，对于农户的可持续生计和土地可持续利用具有重要的理论和现实意义。

中国西部贫困山区具有经济发展水平低和生态环境脆弱的双重特点，过去由于人们对生态环境保护的认识不足、农户生计单一、注重短期效益行为以及人地矛盾的尖锐化等原因导致农地过度开发等不合理的土地利用行为，并由此带来了水土流失、生态环境破坏和土地退化等一系列的环境问题。优化农户生计资产结构、推动农户生计多样化、改变农户土地利用行为与方式有利于缓解西部山区生态环境的进一步恶化。为此，本书以人地矛盾突出、水土流失严重的西部山区——遵义市为研究区域，基于可持续生计分析框架，借助问卷调查、统计学、行为学和计量经济学的分析方法，对农户生计资产对土地利用的作用展开系统研究。首先，通过对"自然、政治、经济等背景差异—生计资产差异—生计策略差异—土地利用差异"的动态过程分析，构建"生计资产—土地利用"分析框架，揭示农户生计资产对土地利用的作用机制。其次构建评价指标体系对农户生计资产进行量化分析；并在此基础上实证分析农户生计资产对生计策略的作用以及不同生计策略农户生计资产对土地利用方式（种植结构）、集约度和效率的作用。最后基于研究结论提出相关对策建议。因此本书可以为政府制定合理的土地利用政策提供学术依据，对维护西部山区生态安全、可持续土地利用和可持续生计具有重要意义。

1.2 国内外研究进展

1.2.1 农户可持续生计研究

20 世纪 80 年代，国内外学者开始重视对农户生计的研究，同时，与生计相联系的资源获取、增加收益和允许加入等概念也趋于成熟，并且开始建立相关的闭合决策模型对农户生计做定量化模拟。目前大多数学者所采纳的对生计的定义，是由 Chambers 和 Conway 提出的。Chambers 和 Conway（1992）认为，"生计是谋生的方式，该谋生方式建立在能力（Capabilities）、资产（Assets）（包括储备物、资源、要求权和享有权）和活动（Activities）的基础之上"，它的主要特征就在于直接关注农户追求能够提高生存所需的收入水平的过程中，更加强调资产和农户所拥有的选择之间的联系，以及在此基础上追求创造生存所需的收入水平的不同行动（Ellis，2000）。

伴随着国内外对农户生计问题研究的深入开展，可持续生计方法作为一种寻找农户生计脆弱性的原因并给出解决方案的建设性工具和集成分析框架（Martha G. R.、杨国安，2003），在理论上逐渐开始得到开发和重视（Chambers、Conway，1992；UNDP，1995；Scoones、Carney，1998；DFID，1999），并在世界各地的生计建设项目和扶贫开发中得到了实践及运用。在所有的可持续分析框架中，应用最为广泛的是英国国际发展部（the UK'S Department for International Development，DFID）开发的可持续生计分析框架（SL）。这个分析框架把农户生计资产划分为自然资产、物质资产、人力资产、金融资产和社会资产 5 种类型，分析了农户生计资产结构、生计过程和生计目标之间的交互变化及相互作用；指出了农户在经济、政治以及自然因素等造成的风险性环境中，怎样利用大量的资产、权利和可能的策略去提升生计水平。SL 框架可以用来甄别农户生计可持续发展的主要限制因素及其相互关系，为深入观察农户生计提供了一种新的视角（李小云，2007）。

2001 年，Dercon 还构建了一个有关农户家庭生计资本脆弱性的分析体系。他将农户的收入风险（储蓄投资、资本收益与处置、创收活动、经济机会等）与生计资产风险、福利风险（教育、健康、营养、能力剥夺、社会排斥）同时作为家庭生计脆弱性的主要原因。这种方法将农户的各类收入实现、生计资产、生产、消费以及外部性制度安排同时纳入同一体系中进行研究（陈传波，2005）。

近年来，以可持续生计分析框架为基础，根据研究侧重点的不同，国内外学者对农户生计的研究主要包括生计资产（资本）、生计脆弱性、生计策略，以及政策、机构和过程对农户生计影响等方面。

1.2.1.1 关于生计资产的研究

农户生计资产的性质和状况是其采用的生计策略、拥有的选择机会和抵御生计风险的基础，也是获得积极生计成果的必要条件。杨云彦等（2009）分析了受南水北调（中线）工程建设影响的库区农民的生计资产状况，得出库区农户生计资产整体较脆弱，生计资产的社会融合程度也较低的结论；李琳一等（2007）以 SL 框架资产五边形为基础，探讨了不同类型农户自然资产、物质资产、金融资产、人力资产和社会资产的基本状况和特征；蔡志海（2010）分析了汶川地震灾区贫困村农户的生计资产基本状况，研究结果发现，农户拥有的生计资产极不平衡，地震后农户的生计脆弱性十分突出，生计策略受到影响和制约；李聪等（2010）分析了劳动力迁移对西部贫困山区农户生计资产的影响，研究结果表明，迁移户与非迁移户的生计资产在数量上有显著差异；黎洁等（2009）分析了陕西周至县退耕山区农民的生计状况，得出了兼业户比农业户的生计资产禀赋更好，抗风险能力更强，贫困程度较低，生计活动更加多样化，对自然环境的依赖性也更小的结论。

生计资产的量化对于了解农户的生计现状，研究农户的生计策略和生计脆弱性都具有重要意义，生计资产的不同组合会导致不同的生计结果（Gilman，2010）。近年来学者对生计资产的量化进行了大量的研究。李小云等（2007）首先对农户各种不同类型的生计资产进行了量化分析；闫海青等（2012）通过建立生计资产评价指标体系，运用因子分析法对昆明市 14 个县（市、区）、山区农户的生计资产状况进行了评价；徐鹏等（2008）构建了农户生计资产评价指标体系，利用因子分析法对农户生计资产状况进行了综合评价；赵雪雁（2011）通过建立生计资产评估指标对甘南高原农户的生计资产进行了评估，评估结果表明甘南高原农户的生计资产存在着空间异质性，并建立 Logistic 回归模型分析了农户生计资产对其生活满意度的影响；谢东梅（2009）通过构建生计资产评价指标体系对农户生计资产进行了量化分析，并利用生计资产量化结果来判断农户整体生活状况，试图达到对农村最低生活保障制度目标家庭准确瞄准的目的。另外，还有学者对人力资本与农户收入的关系进行了分析（郭志仪等，2007；唐永木，2010）。

1.2.1.2 关于生计脆弱性的研究

脆弱性是指农户在面临危险、冲击和压力时所表现出的抵御能力的不足、不安全和易受灾的程度（Chambers，1989），是贫困的重要特征。目前学者对农户生计脆弱性的研究主要包括：农户的生计风险、抵御生计风险的能力和生计风险适应性分析3个方面。

导致农户脆弱性的风险主要有环境危机、经济波动、自然灾害、政策改变、疾病、种族冲突、突发事故、失业等（韩峥，2004）。研究者主要对那些特别重要的外部冲击、变化趋势和周期性因素进行分析。陈传波、丁士军（2005）根据农户的风险和脆弱性分析框架，分析了贫困农户多风险交织的状态，分析结果认为贫困农户容易陷入贫困的恶性循环，这会导致贫困农户的生计脆弱性进一步加剧；张国培等（2011）讨论了自然灾害对贫困农户脆弱性的影响，并对影响农户脆弱性的主要因素进行了定量分析；李茜、姬军红（2007）认为，粗放的生计手段、不合适的生产方式、农村人口的激增让农户生计面临严峻的考验，这三个原因是造成农村环境严重退化的元凶。黄伟（2008）将农户面临的脆弱性风险分成生计活动风险、生计资产风险、生计结果风险3类，并以生计资产为核心，建立起脆弱性视角下风险冲击与贫困关系的分析框架；赵培红（2009）从经济系统、社会系统和生态系统风险探讨民族地区农村贫困脆弱性的原因。

抵御风险的能力即农户所具有的应付风险的能力。在生计脆弱性背景下，生计资产是农户抵御风险的基础。许多学者从生计资产的角度分析了农户抵御风险的能力（生计脆弱性）。李小云（2007）认为，贫困农户的生计资产具有脆弱性，这会导致农户在面临外来冲击时规避风险的手段非常有限，这一研究有助于理解农户特别是贫困农户生计资产的典型特征；安迪

（2005）认为，与其过分重视农户现金收入的提高，还不如更加重视提高农户应对风险的能力、支持农户和社区增加他们的核心生计资产基础，以及降低外来政策实施所带来的风险；张丙乾等（2011）分析了三江平原经营农户的生计脆弱性，得出了经营农户抵御自然风险与市场风险的能力普遍欠缺；李伯华等（2011）分析了农户社会关系网络断裂和重构过程的各种风险冲击，从社会资本的角度审视了农户生计脆弱性问题。

适应性是指生计风险发生时，农户应对风险和降低脆弱性的能力。陈传波等（2003）通过对农户大额开支的调查，将农户的经济风险进行分类，并归纳出农户自主适应（应对）风险的 9 种策略；阎建忠等（2011）把农户适应能力指标纳入农户生计脆弱性评估指标中，定量分析了青藏高原东部样带区农牧民的生计脆弱性，认为导致农牧民生计脆弱性的原因是生计资产的不足、脆弱的环境和适应能力的缺乏，因此政府应采取积极的措施，增强农牧民的适应能力；刘华民等（2012）探讨了气候变化对鄂尔多斯市乌审旗农牧民生计的影响及其适应措施。结果显示，乌审旗农牧业对气候变化的应对能力极为脆弱；苏飞等（2013）建立了符合城市农民工生计特征的生计资本评估指标体系，并对杭州市农民工生计脆弱性特征及成因进行了分析。

1.2.1.3 关于生计策略的研究

生计策略是指为了实现生计目标或追求积极的生计产出，农户对自身所拥有的生计资产进行组合和使用的方式。目前国内外学者对生计策略的研究主要包括生计策略的影响因素、生计多样化、生计资产与生计策略之间的关系 3 个方面的内容。

Scoones（1998）将农户的生计策略划分为扩张型生计策略、集约化生计策略、多样化生计策略和迁移型生计策略 4 种类型；左停等（2011）对 Scoones 划分的 4 种类型生计策略的制约因素、成因、变迁前景和存在的问题进行了研究；田帅（2008）将农户生计类型划分为"耕养型"、"混合型"、"工商型"，分别探讨了土地流转对不同类型农户生计的影响；张萍（2014）等利用多元选择模型分析了林农生计策略的资本敏感性特征；蒲春玲

（2011）等分析了新疆南部地区棉农生计变化影响因素，结果认为种子、农药及地膜投入，家庭经营规模，套种数量和政府补贴资助量 4 种因素对棉农生计变化影响较为显著；王娟等（2014）运用 K-均值聚类法将样本农户的生计策略划分为五种类型，通过随机占优检验确定农户最优生计策略，并采用多项 Logit 模型分析农户最优生计策略选择的影响因素；李聪等（2010）研究了外地打工和本地打工对本地农户生计活动的不同影响；王成超等（2011）分析认为，生计非农化与农户耕地流出之间是一种正反馈关系，彼此之间相互联系并相互作用；梁义成等（2011）通过计算多个指标识别农户的非农和农业多样化生计策略，分析了农户多样化生计策略的影响因素。

生计多样化策略，是可持续生计的重要目标之一，是"农户构建一个多元化生计活动和社会支持能力组合的过程，以满足维持和改善生计水平的需求"（Ellis，1998）。学者对农户生计多样化、生计多样化与土地利用的关系、生计多样化与农村居民点布局或整合关系进行了广泛研究。黎洁等（2009）研究认为，兼业户的生计资产禀赋比农业户更好，生计活动更加多样化，抗风险能力也更强；阎建忠等（2009）对青藏高原东部样带农牧民生计的多样化进行了研究，认为农牧民所拥有的生计资产与生计多样化水平呈高度的正相关关系；吴莹莹（2009）、卓仁贵（2011）分析了农户生计多样化对土地利用的影响；张丽萍（2008）分析了农户生计策略对土地利用类型和土地利用集约化水平影响，认为以非农活动为主的生计多样化可能是构建可持续生计的核心；李翠珍（2012）研究了大都市郊区农户的生计多样化情况及其对土地利用的影响；张蓬涛（2013）研究了环首都贫困地区退耕农户生计与土地利用的关系；王成等（2011）通过构建农户生计资产量化指标体系，对农户生计资产进行了量化分析，并在对农户分类的基础上剖析了不同类型农户的后顾生计来源及其居住意愿，研究结果对农村居民点的整合具有参考价值；金晓霞（2008）、吴旭鹏等（2010）研究了农户生计多样性与农村居民点布局的关系，认为居民点布局方式制约着农户的生计方式，而农户生计方式的变化驱使着居民点朝有利于农户生计发展的方向变化。

农户采取的生计策略取决于其所拥有的生计资产的性质和状况，农户通过不同类型生计资产的组合来应对风险和冲击。因此，对农户的生计资产和生计策略关系的研究，有助于理解农户生计状况和制定合理的生计政策。苏芳等（2009）对农户的生计资产与生计策略之间的关系进了量化研究，计算了自然资本和金融资本的变化引起农户生计策略发生变化的比率；杨培涛（2009）研究了甘南藏族自治州农户生计资产对生计策略选择的影响，并提出了以非农多样化为策略的调整方向，寻求藏族认同的安居乐业的生计模式的建议；张海盈等（2013）研究了新疆喀纳斯生态旅游景区牧民生计资本与参与旅游业的生计策略的关系；赵雪雁等（2011）的研究认为，农户的生计资产会影响生计策略的选择，自然资本的缺乏，会促使农户寻求其他谋生方式，但人力资本、物质资本、金融资本以及社会资本的缺乏却限制了农户的生计多样化。史月兰等（2014）运用多元 logistic 回归分析等方法对农户的生计资本与生计策略之间的关系进行了实证研究。

1.2.1.4 关于"政策、机构和过程"对农户生计影响的研究

"政策、机构和过程"是指影响农户生计的政策、制度、组织和立法。"政策、机构和过程"作用于农户生计的各个方面，例如农户各种生计资产的获得、回报以及开发生计资产的动力、生计策略的选择、形成和效果、生计风险和脆弱性等。目前学者研究主要集中在政策措施、农村社区组织和农业经营组织等对农户生计的影响。

退耕还林（草、湖、湿）、退旱还稻、禁牧等生态保护政策，不仅对生态治理和修复具有重要的意义，而且对农户的生计也具有重要影响。因此，近年来关于生态保护政策或措施对农户生计的影响是生计研究的热点之一。生态保护的可持续生计项目的实施对农户生计会造成重要影响，于秀波等（2006）分析了湿地保护项目对农户生计的影响；苏娟（2007）分析了贵州省退耕还林地区农户生计状况和退耕还林工程对农户生计的影响；谢旭轩等（2010）分析了退耕还林工程实施对农户可持续生计的净影响；李树苗（2010）、唐轲（2013）利用陕西周至县的农户调查数据对退耕还林政策对农

户生计的影响进行了实证研究；文彩云等（2008）分析了集体林权改革对农户生计的影响；董文福等（2007）定量评估了实施"退稻还旱"政策对密云水库上游地区农民生计产生的影响；刘纲（2012）也分析了"稻改旱"对农民生计的影响。生态补偿可以调整相关利益者对生态环境活动产生的环境及经济利益的分配关系。苏芳（2009）对农户参与生态补偿行为进行了研究，揭示了农户参与生态补偿的行为机理，认为生态补偿标准和方式是影响参与者生计资产和生计策略的主要因素；张丽、赵雪雁等（2012）针对甘南黄河水源补给区实施的退牧还草工程分析了生态补偿对农户生计资本的影响；王兴中等（2008）分析了英国赠款支持的小流域治理管理项目区农户生计模式的不足，并指出生态和扶贫项目应以综合改善农户生计为主，增强项目对扶贫的持续性。

农村社区组织和农业经营组织对农户可持续生计具有重要作用。农村社区组织的建构对丰富和拓展农户的生计资产，促进农户生计创新活动具有十分积极的影响（叶敬忠，2004；黄颖等，2008）；社区范围内的农户互助行为，可作为缓解贫困农户冲击的一个有效途径（高晓巍等，2007）；侯玉峰（2006）研究了"公司+牧户"模式对牧户的生计资产的改善作用。

1.2.2　农户层面土地利用研究

宏观层面的土地利用研究大多将土地利用的结果归结为经济、政治、环境和人口等因素的影响，无法反映土地利用最基本的单元（农户）对其土地利用的决策过程。农户层面土地利用的研究主要从农户这一土地利用者的微观经济主体行为入手，观测其土地利用行为以及相关经济活动，并分析其活动对土地利用变化的影响。这有利于土地利用的过程及人文行为的细致分析（Overmars，2007），因而越来越受到重视（钟太洋，2007）。目前国内外学者主要针对农户的土地利用方式、土地利用集约度和土地利用效率开展了大量的研究。

1.2.2.1 关于农户土地利用方式的研究

农户是土地利用最基本的行为主体,其会根据自身对土地的投入和产出效益分析来选择土地利用方式。近年来,由于务农的机会成本上升,改变了农户对土地的预期收益,导致土地种植结构非粮化和耕地撂荒现象的出现(李秀彬,2011)。史清华等(2005)研究了江浙沿海地区农户粮作经营及家庭粮食安全行为,认为农户对土地的依赖程度明显下降,家庭的种植结构非粮化趋势显著;方鹏、黄贤金等(2003)研究了江苏农村土地市场发育的农户行为响应与农业土地利用变化,发现农业土地利用正逐步由传统的大田作物向效益更高的经济作物和水产养殖等方式转化,农户家庭非农就业水平的提高有效地推进了这一转化;田玉军和李秀彬(2009)以宁夏回族自治区为例,研究表明劳动力机会成本上升对农地利用变化产生明显影响;吴莹莹(2009)在以大渡河上游典型村为例的研究显示,伴随农村劳动力的流失,出现了农户将部分土地出租、退耕甚至撂荒的现象;黄利民、张安录(2010)的研究也表明,在目前农地流转不畅的情况下,农村劳动力的迁移会进一步加深农地边际化程度。

农户对土地种植方式的选择或用途转移存在农户类型的差异。欧阳进良等(2004)通过调查研究黄淮海平原农区农户的种植方式后发现,传统农户的土地种植结构具有多元化特征,农业兼业户尤其是非农业兼业户由于时间的约束和经济意识的加强,往往选择经济效益高、耗时少的土地利用方式;谭淑豪等(2001)从生产规模、收入水平和兼业行为等方面对农户土地利用行为之间的差异进行了比较,初步探讨了不同类型农户对经济政策刺激的反映及其可能采取的土地利用方式;张等(2008)研究了青藏高原东部山地农户生计多样化与耕地利用模式,认为不同生计策略农户土地利用类型和集约化水平也不同,并指出以非农活动为主的生计多样化可能是该区构建可持续生计的核心,同时也是实现土地可持续利用的根本途径;吴莹莹(2009)对青藏高原的调查显示,纯农型农户、以农为主型农户更多地保持传统粮食作物种植,以非农为主型农户地块的利用类型转变较剧烈,且频繁、多样,非农型农户地块的利用类型全部转变。

1.2.2.2 关于农户土地利用集约度的研究

土地利用变化包括土地用途转移（或地类变更）与土地利用集约度变化两种类型（伊利、莫尔豪斯，2000）。然而，长期以来，国内外的土地利用变化研究侧重土地用途转换而忽视了土地利用集约度的变化（李秀彬，2008）。近年来，人们逐渐认识到农地利用集约程度的变化可能比耕地面积缩小对我国粮食安全的威胁更大（李秀彬，2002），呼吁加强农地内部利用方式与利用程度变化规律的研究（张凤荣等，2002；谭术魁等，2003）。目前，关于土地利用集约度的研究主要集中在集约度的测度、集约度的变化以及驱动因素等方面。

尽管 Turner 和 Doolittle（1978）及 Shriar（2000）等曾专门论述土地集约度及其测度问题，但他们主要针对农地利用的集约化以解释农业增长问题。德国农业经济学家 Brinkmann 可能是最早明确提出土地利用集约度测度方法的人（林英彦，1999），其计算公式如下：

$$I = (A + K + Z)/F \qquad (1.1)$$

式中，I 为土地利用集约度，A 为劳动工资，K 为资本消费额，Z 为经营资本利息，F 为经营土地面积。这一测度指标是以土地投入界定土地利用集约度的，是衡量土地利用集约度或粗放程度的一种综合指标。国内学者李秀彬等（2008）针对土地利用集约度测度混乱的状况，从投入指标还是产出指标、实物指标还是价值指标、综合测度还是分项测度、单纯测度还是复合测度以及初级集约度还是次级集约度测度五个方面辨析了土地利用集约度的概念，评价了各种测度方法的特点和应用范围。该研究认为土地集约或粗放利用的本质是资源替代，并提出土地利用集约度的基本测度指标应为单位时段、单位土地面积上的投入量而非产出量，产出指标只可作为代用指标。

土地利用集约度变化作为土地利用变化过程的一个重要方面，其研究服务于土地利用变化原因或机制的解释及土地利用变化效应的评估。用什么指标测度集约度主要取决于应用的目的。国内外学者利用土地利用集约度的测度方法对土地利用集约度的变化及其驱动因素进行了大量的研究。Brown（2000）研究了农业生产市场化对土地集约利用的影响；Tanrivermis（2003）分析了土耳其农业土地集约利用程度变化；Wood（2004）、Soini（2005）、Kristensen（2003）等研究了劳动力转移对于土地集约利用变化的重要影响；Mottet（2006）研究了法国比利牛斯山国家公园周边区域农业土地的集约化问题，将该区域 20 世纪 80 年代以来农业土地利用再集约化归因于农业基础设施改善；Angelsen（1999）、Rasul（2004）研究了信贷约束和土地产权稳定性对土地集约利用的影响；王鹏等（2003）研究了农业政策对土地集约利用的影响；韩书成等（2005）研究了不同类型农户土地投入行为差异。结果表明，土地集约利用可能受农户资金状况的约束，而劳动力向非农领域转移可以缓解这种约束，即随着农户非农劳动参与程度提高土地集约利用的程度也会提高。刘成武等（2006）基于土地经营期间所有投入的货币总额研究了中国 1980~2002 年稻谷、小麦、玉米、棉花等主要农作物生产集约度的变化和区域差异；吴莹莹（2009）以大渡河上游的典型村为例，利用实物形态测度方法测度了非农化程度不同的农户土地利用集约度；李秀彬（2003）等以化肥施用量、灌溉面积、复种指数和粮食产量等指标，研究了 1981~2000 年中国农地利用集约度变化的区域差异；张琳（2008）等分析了典型区县不同经济发展水平下耕地利用集约度变化规律；朱会义（2007）等采用复种指数、粮食播种面积和粮食单产水平研究了 1996~2005 年中国耕地利用集约度的时空变化规律；陈瑜琦等（2009）在对耕地利用集约度进行内部结构划分的基础上，系统分析了 1980~2006 年中国粮食作物劳动集约度和资本集约度及其构成的时空变化规律；阎建忠等（2010）研究了重庆市涪陵区珍溪镇不同类型农户土地利用与土地投入的差异，发现当地除了非农户外，纯农户、一兼户、二兼户的土地利用类型均以集约为主。

1.2.2.3 关于农户土地利用效率的研究

作为农业经济活动微观行为主体的农户，其土地利用行为和方式直接决定了土地利用效率的高低。因此，从微观行为主体的农户角度探讨土地利用效率问题，可以为土地利用政策创新提供重要参考。近年来，国内外学者针对农户土地利用效率问题进行了大量的研究，主要研究内容包括农户土地利用效率的含义、测度及影响因素等方面。

所谓效率就是以最少的投入、最低的耗费获得最大的产出，即最大化投入产出比。20 世纪 50 年代英国学者们对技术效率的含义和测度进行了讨论。Koopmans 定义的技术效率为：一个生产者当且仅当在不使用更多投入就不可能再增加任何产出时为技术有效。夏普罗和德布鲁把距离函数作为一种模型化多产出的方法，用来测量距离生产前沿的径向距离，距离函数和技术效率尺度之间的联系在效率测量文献的发展中起着至关重要的作用。1966 年，Leibenstein 从产出角度定义了技术效率，他认为技术效率是实际产出水平在其他条件都不变的情况下与所能达到的最大产出的比值，即实际产出/最大产出。这种从产出角度定义的技术效率后来被普遍接受，成为目前应用研究中使用最多的效率评价。

如何准确测算土地利用效率是进行农户土地利用效率研究的基础。国内早期从事土地利用效率测算研究的学者大多数使用单要素土地利用效率指标，例如，有一些学者利用单项的经济产出指标或实物产出指标与投入指标直接对比的方法测度土地利用的效率（陈长华等，1999；张忠根等，2000；林善浪，2000），如单位资本产出、地均产出、劳均产出等，这种方法有很大的局限性，其只考虑了单项投入和产出，得到的是单要素土地利用效率。而实际上，土地利用行为是农户的一项综合生产活动，农户在具体的生产过程中会涉及多项投入，因此在测度农户土地利用效率时考虑全部投入会更合理。为了克服单项要素效率方法的弊端，近年来有许多学者引入数据包络分析方法（DEA）测度土地利用效率（梁流涛等，2008；周晓林等，2009；游和远等，2011；杨璐嘉，2012；赵京等，2011）。这种方法的最大优点是既不需要一个预先已知的生产函数，也不受输入、输出数据量纲的影响，而且还能够选择多项土地投入和产出指标。

土地利用效率的高低受自然、社会以及经济等众多因素的影响，近年来，国内许多学者运用不同的方法、从不同的角度分析了不同因素对农户土地利用效率的影响。梁流涛等（2008）基于经济发达地区的农户调研数据，利用分组比较法、单因素方差法、数据包络（DEA）等方法系统研究了不同兼业类型农户的土地利用行为和土地利用效率的差异，研究发现，兼业类型对农户土地利用方式和行为的选择有显著的影响；许恒周等（2012）以农户调查数据为基础，运用 DEA 模型和 Tobit 模型实证检验了农民分化对耕地利用效率的影响，研究认为在表征农民分化特征的三个变量中，农民分化类型、农民水平分化（职业分化）程度和农民垂直分化（经济分化）程度都对耕地利用效率具有显著的正向影响；赵京等（2011）运用 DEA 模型方法测算农户的土地利用效率，然后运用 Tobit 模型探讨农地整理对农户土地利用效率的影响，研究发现农地整理对农户的土地利用效率有促进作用；刘涛（2008）选取耕地复种指数和土地综合产出率两个指标表示农户土地利用效率，利用农户的实地调查数据，运用多元线性回归模型对土地细碎化、农地流转对农户土地利用效率的影响进行了实证研究，赵晓波（2013）基于数据包络分析（DEA）方法测算了我国各地区不同类型土地资源的利用效率及其影响因素；赵杭丽（2012）分析了农地产权对农地利用绩效的影响。

1.2.3 农户生计与土地利用的综合研究

近年来，为探寻土地利用变化综合研究途径（蔡运龙，2001），自然和人文小尺度界面互动下的生计方式演变逐渐成为微观尺度土地利用研究的新视角（阎建忠，2004）。国内外很多学者对农户生计与土地利用的关系进行了综合研究，主要研究内容包括农户生计如何影响土地利用、土地利用如何影响农户生计以及农户生计和土地利用的关系。

生计多样化是发展中国家农户普遍采取的一种生计策略（阎建忠等，2009）。近年来，国内外学者日益关注农户生计多样化与土地利用变化之间的联系。在生计多样化背景下，农业活动和非农活动在劳动力的数量和质量上产生不可避免的竞争，这必然会导致土地利用的变化。Pender（2004）在洪都拉斯、乌干达和埃塞俄比亚以及 Clay 等（1998）在卢旺达的研究发现，农户不断增长的非农就业与作物的生产会产生竞争，导致作物生产上的劳动力和肥料等的投入不断降低。Holden（2004）等的研究结果也表明，农户的非农收入会导致农业耕种动力的减少，从而导致较低的农业生产力，这又会影响农户的粮食生产，使农户成为粮食的购买者。在中国，随着城镇化进程的加快，农村劳动力大量向城镇转移，使得农村劳动力务农机会成本上升，进而造成农业经济利润的减少，农地地租的下降，土地利用呈现边际化迹象（李秀彬，2010）。田玉军（2010）、陈瑜琦（2009）、辛良杰（2009）等从微观层面研究了务农机会成本上升对农地利用变化的影响；许恒周等（2012）基于农户调研数据实证研究了农民分化对耕地利用效率的影响，发现农民分化类型、农民水平分化（职业分化）程度和农民垂直分化（经济分化）程度对耕地利用效率都具有显著的正向影响；朱利凯等（2010）对位于农牧交错带的鄂尔多斯市乌审旗 153 户农牧户进行了系统调查，研究了农牧交错区农牧户的生计策略和土地利用状况；阎建忠等（2005）研究了大渡河上游农户生计方式的时空格局与土地利用/覆被变化；李翠珍等（2012）探讨了大都市郊区农户生计活动的选择机制，并分析了不同资源群体农户的生计多样化特点及其对土地利用的影响；张丽萍等（2008）研究了青藏高原东部山地农牧区金川县克尔马村的农户生计多样化与耕地利用模式；王成超等（2012）系统梳理了国内外关于农户生计策略内涵、农户可持续生计、农户生计变化对土地利用/覆被变化的影响等方面的研究进展，并对未来农户生计策略变化的研究趋势进行了展望；阎等（2009）通过农户调查及村级农经数据，分析了不同制度环境下农户的生计策略及土地利用变化。

土地是农户重要的生计资产。土地制度的完善和改变，会改变区域内农户的土地利用行为和方式，引发农户生计多样化的响应。例如，土地退化和土壤贫瘠作为推动因子会推动农户对非农活动需求的增加，促使农户采取生计多样化的策略。Bradstock（2005）分析了南非实施土地改革后不同经济发展水平农户的土地利用对其生计的影响情况；Albinus 等（2008）研究发现，耕作面积的扩张、河岸边的过牧行为、湿地资源的过度使用、森林及灌木等的消失或细碎化对当地农民的生计产生严重的影响；Kassahun 等（2008）分析了埃塞俄比亚两个牧区草地退化对农户生计的影响；Xu 等（2005）分析了云南西庄流域森林面积显著增加而耕地锐减对当地农民生计产生的消极影响；刘涛等（2008）分析了土地细碎化、土地流转对农户土地利用效率的影响，谭淑豪等（2006）也研究了土地细碎化对中国东南部水稻小农户技术效率的影响，他们的研究结果同时表明了土地细碎化可能是影响农业生产率进一步提高和导致农村贫困的主要因素之一，因此，提高土地利用效率行之有效的办法是推进土地流转。赖玉佩等（2012）研究了草场流转对干旱半干旱地区草原生态和牧民生计的影响，认为草场流转后草场整体的放牧压力有所缓解，牧民生计水平也有所提高，但由于被流转草场的过度利用，致使贫困户因无法转产而不能从根本上改善其生计。

农户生计对土地利用的影响不是单向的，而是双向的相互影响和相互作用的过程。近年来，部分科学家提出农户生计和土地利用"共生"（co-production）的理论，认为农户生计调整和土地利用变化均是农户面对经济机会的动态响应过程（Carr，2009；McCusker，2006）。农户生计与土地利用可以看作是两个系统的融合，即农户生计系统和土地利用系统之间存在着一定的耦合关系。Soini（2005）研究了坦桑尼亚的乞力马扎罗山地区农户生计与土地利用变化的相互作用和相互影响，研究结果表明，在面对边际土地开垦、人口压力及气候变化等困境时，农户的生计方式逐渐转为雇佣劳动及非农活动。花晓波（2014）对青藏高原不同农业生态区农户生计与土地利用之间的关系进行了系统的实证研究。

1.2.4 国内外研究简要述评

从以上对国内外文献的分析中可以看出，国内外学者从宏观、微观视角，采取不同的研究范式和方法，围绕农户生计和土地利用的关系进行了深入系统的研究，取得了大量有价值的成果，为本书研究的开展奠定了坚实的理论基础和实证支持，对探讨农户生计和土地利用的关系有着非常重要的借鉴意义。然而，综观国内外现有的研究文献，我们发现存在以下几点不足，这为本书的研究提供了机遇。

（1）从研究对象上看，目前的大量研究都主要关注区域尺度，在区域土地利用驱动力和变化格局方面取得了不少成果。然而区域尺度的土地利用变化研究很难反映小地块的土地利用变化，无法揭示小农经济下农村土地利用变化的过程、格局和效应，也无法探索土地利用变化的综合途径。因此，本书聚焦于西部山区农户的土地利用行为，从农户的角度全面考察农户生计资产对土地利用的作用。

（2）从研究范式上看，目前，一些研究主要通过寻求计量经济模型来解释农村的土地利用变化，试图建立"宏观社会经济因素—土地利用变化"的因果关系（阎建忠、吴莹莹、张镜锂等，2009），而很少有研究从农户生计的角度理解其土地利用行为。事实上，正是农户对经济机会的响应驱动了土地利用变化（邵怀勇等，2008），居民生计是宏观社会经济因素与微观土地利用变化之间的中间环节。虽然近几年有学者在这方面进行了一些有益的尝试，但还缺乏足够深入的理论研究和实证支持。故本书基于可持续生计分析框架，对农户生计资产对土地利用的作用展开系统研究。通过对"自然、政治、经济等背景差异—生计资产差异—生计策略差异—土地利用差异"的动态过程分析，构建"生计资产—土地利用"分析框架，揭示农户生计资产对土地利用的作用机制，并在此基础上实证分析生计资产对农户土地利用的作用。

（3）从研究视角上看，现有的研究比较重视生计变化对农户土地利用的影响，却很少从农户生计资产的视角去分析农户的生计变化和土地利用变化。事实上，生计资产是农户生计结构的基础，其结构与特征决定着农户生计方式的选择及在土地利用中可能采取的行动策略，并最终影响到农户的土地利用。因此，本书在借鉴前人研究成果的基础上，从理论和实证的角度系统深入地分析生计资产对农户土地利用的作用。

1.3 研究内容与目标

本书以人地矛盾突出、水土流失严重的西部山区——遵义市为研究区域，基于可持续生计分析框架，借助问卷调查、统计学、行为学和计量经济学的分析方法，对农户生计资产对土地利用的作用展开系统研究。首先，通过对"自然、政治、经济等背景差异—生计资产差异—生计策略差异—土地利用差异"的动态过程分析，构建"生计资产—土地利用"分析框架，揭示农户生计资产对土地利用的作用机制；其次构建评价指标体系对农户生计资产进行量化分析，并在此基础上实证分析农户生计资产对生计策略的作用以及不同生计策略农户生计资产对土地利用方式、集约度和效率的作用；最后基于研究结论提出相关的对策建议。具体研究内容如下：

1.3.1 农户生计资产对土地利用的作用机制：理论分析框架

基于可持续生计分析框架，通过对"自然、政治、经济等背景差异—生计资产差异—生计策略差异—土地利用差异"过程的综合分析构建"生计资产—土地利用"分析框架，揭示农户生计资产对土地利用的作用机制。

1.3.2 研究区农户生计资产的综合评价

首先借鉴国内外已有研究成果并结合西部山区具体情况分析并界定生计资产的内涵；其次在参考国内外相关专家和学者开展的生计资产定量研究的基础上，根据研究区具体的自然资源禀赋、文化生活习俗、生态环境、宗教信仰等，构建适合西部山区的农户生计资产定量评价指标体系；最后基于农户生计策略对农户进行分类并利用评价指标体系对不同生计策略农户的生计资产进行综合评价。

1.3.3　农户生计资产对生计策略的作用研究

首先分析了农户生计资产对生计策略的作用机理；其次基于研究区农户生计策略的分类和对农户生计资产的评价结果，利用多元 Logit 模型实证分析研究区农户生计资产对其生计策略的影响，并据此得出相应的结论和政策含义。

1.3.4　农户生计资产对土地利用方式的作用研究

首先分析了农户生计资产对土地利用方式的作用机理；其次基于研究区实地调查的不同生计策略农户土地利用方式的现状和不同生计策略农户生计资产的评价结果，利用多元 Logit 模型实证分析研究区不同生计策略农户生计资产对其土地利用方式的影响。

1.3.5　农户生计资产对土地利用集约度的作用研究

首先分析了农户生计资产对土地利用集约度的作用机理；其次构建模型测算了不同生计策略农户土地利用集约度；最后利用 OLS 和分位数回归估计方法，实证分析研究区不同生计策略农户生计资产对土地利用集约度的影响。

1.3.6　农户生计资产对土地利用效率的作用研究

首先分析了农户生计资产对土地利用效率的作用机理；其次基于研究区的实地调查数据和不同生计策略农户生计资产的评价结果，运用 DEA 模型方法测算不同生计策略农户的土地利用效率；最后运用 OLS 回归方法以及 Koenker 和 Bassett（1978）提出的分位数回归方法实证分析不同生计策略农户生计资产对土地利用效率的影响。

本书拟达到如下研究目标：

（1）构建"生计资产—土地利用"分析框架，揭示农户生计资产对土地利用的作用机制。

（2）构建适合西部山区的农户生计资产定量评价指标体系，对不同生计策略农户的生计资产进行综合评价。

（3）实证分析不同生计策略农户生计资产对土地利用方式、集约度和效率的作用，揭示作用规律。

1.4 研究区域与数据来源

中国西部贫困山区具有经济发展水平低和生态环境脆弱的双重特点，过去由于人们对生态环境保护的认识不足、农户生计单一、注重短期效益行为以及人地矛盾的尖锐化等原因导致农地过度开发等不合理的土地利用行为，并由此带来了水土流失、生态环境破坏和土地退化等一系列的环境问题。优化农户生计资产结构、推动农户生计多样化、改变农户土地利用行为与方式有利于缓解西部山区生态环境的进一步恶化。因此本书以人地矛盾突出、水土流失严重的西部山区——遵义市为研究区域，基于可持续生计分析框架，借助问卷调查、统计学、行为学和计量经济学的分析方法，对农户生计资产对土地利用的影响展开系统研究。研究可以为政府制定合理的土地利用政策提供学术依据，对维护西部山区生态安全、可持续土地利用和可持续生计具有重要意义。

遵义市位于中国西南部，贵州省北部，云贵高原东北部，是贵州省第二大城市、新兴工业城市和重要农产品生产基地。地理位置在北纬 27°8′~29°12′、东经 105°36′~108°13′。北面与重庆市接壤，南面与贵阳市接壤，东面与铜仁市和黔东南苗族侗族自治州相邻，西面与四川省交界。全市国土面积 30762 平方千米。遵义市处于云贵高原向湖南丘陵和四川盆地过渡的斜坡地带，在云贵高原的东北部，地形起伏大，地貌类型复杂。全市山间平坝面积占 7.4%，丘陵占 30.7%，山地占 61.9%。全市土壤面积约占土地总面积的 96%（包括自然土和水田、旱地）。低山丘陵盆地区主要分布着黄壤、石灰土、水稻土、潮土，土地利用率较高；低中山地区主要分布着石灰土、紫色土、粗骨土，水土流失严重；海拔 1400 米以上的山区，主要分布着黄棕壤，多为林牧用地。遵义市属于中亚热带高原湿润季风区。气候特点是四季分明、雨热同季、无霜期长、多云寡照。绝大部分地区冬无严寒、夏无酷暑。

遵义市的粮、油、烟、畜、茶、竹、中药材，均为重要和特色资源。素有"黔北粮仓"之称的遵义市，粮食产量占全省总量的 1/4 强。主要供酿酒用的高粱种植面积占全省 50%，产量占全省 60%。油菜籽产量占全省 1/3。茶园面积占全省的 1/3。2013 年粮食种植面积 768.99 千公顷；油料种植面积 142.84 千公顷；烤烟种植面积 68.03 千公顷。另有蔬菜种植面积 272 万亩，优质辣椒种植面积 176.1 万亩，高粱种植面积 67.1 万亩；茶园面积 150 万亩。

遵义市 2013 年末常住人口为 614.25 万人，比上年增加 2.55 万人。2013 年国民经济平稳较快增长，全市生产总值 1584.67 亿元，比上年增长 14%。全年全社会固定资产投资 1761.8 亿元，比上年增长 34.9%。全年社会消费品零售总额 470.37 亿元，比上年增长 14.8%。全年财政总收入 356.56 亿元，比上年增长 23.7%，全年农村居民人均纯收入 6849 元，增长 13%；城镇居民人均可支配收入 20504 元。农村居民家庭恩格尔系数（即食品消费支出占消费总支出的比重）为 43.1%，城镇居民家庭恩格尔系数为 38.6%。

数据库平台建设是本书的基础条件，包括数据收集、数据处理、数据库建设。本书基于已有社会调查资料、土壤普查数据和土地承包簿，获取研究区基本数据。采用分层随机抽样方法选取样本，采用问卷调查、半结构式访谈等工具，在研究区开展农户调研，调查不同农户的生计资产、生计策略和土地利用变化情况。调查的主要内容如下：①自然资产情况，包括承包的耕地面积、林地面积等；②物质资产情况，包括住房状况、农业基础设施状况、牲畜种类和数量、经商资产等；③人力资产情况，包括家庭人口、教育水平、年龄构成、性别构成、劳动力数量、从事二三产业劳动力数量、健康状况；④金融资产和社会资产情况，包括家庭工资收入，是否可以借到低息或无息贷款、高利贷、就业途径，政府提供低保等；⑤现在从事的生计活动；⑥生计多样化的限制因素；⑦家庭经营的所有地块面积、灌溉条件、种植作物类型、单产水平；⑧农业土地利用情况，含作物类型、种植制度、农产品生产过程中的种子、化肥、农药、农机、灌溉、燃料动力、工具材料、折旧、修理等各项物耗和资金支出，保险、管理费、财务费等费用支出以及劳动力投入、土地租金、产出、产品价格等；⑨土地的饲料产量与养殖牲畜数量的关系；⑩家庭消费情况，含自产产品的消费量、购入农副产品消费量、各类消费支出、非农就业人员在外消费情况等。

本次调查的调研组分为两个小组，每组 4 人，在当地政府和基层管理部门人员的配合下，历时 15 日（2014 年 6 月 16~30 日），涉及遵义 13 个县（市），18 个乡（镇），22 个村。每到一村，调研组一般按照与当地干部及村民代表座谈、样本户调查问卷填写、实地查勘三个步骤开展工作。共获得各类数据表格 731 份，其中村级社会经济信息、发展资源表等 66 份，样本户生计资产和土地利用调查表 620 份，各级（县有关局、乡镇、工作站）干部访谈表 23 份，新型经营主体表（种养大户、合作社理事长）等 22 份，并且在县级层面收集相关政策文件汇编 13 份，为本书的研究提供了翔实的资料基础。

1.5 研究方法与技术路线

1.5.1 研究方法

本书基于可持续生计分析框架，借助问卷调查、统计学、行为学和计量经济学的分析方法，对农户生计资产对土地利用的影响展开系统研究。具体的研究方法主要有以下几种：

1.5.1.1 文献分析法

通过互联网数据库和其他途径广泛收集国内外相关研究文献，并通过对文献的研读、分析和归纳总结，提炼出主要观点和科学问题，为充分了解本领域的国内外目前的研究现状和发展趋势奠定扎实的文献基础。

1.5.1.2 实地调研法

本书在研究区安排了较多的实地调研和问卷调查。综合运用问卷法、访谈法和资料收集法对研究区农户生计和土地利用的相关现状进行深入的调查，采取国际上通行的分层随机抽样法进行抽样，利用目前全球农村工作和研究人员广泛接受的参与式农村评估法（PRA）进行农户调查，在抽样调查的基础上采取定性和定量相结合的分析方法，深入剖析农户生计资产对土地利用的影响规律。

1.5.1.3 经济计量分析法

本书利用统计分析方法整理和分析农户的问卷调查和土地利用变化的地块数据，并运用 OLS 回归分析方法以及 Koenker 和 Bassett（1978）提出的分位数回归分析方法实证分析农户生计资产对土地利用集约度和效率的影响。

1.5.1.4 模型分析法

本书基于可持续生计分析方法，综合应用农户行为和经济决策分析方法构建理论分析模型；同时利用多元 Logit 模型来实证分析研究区农户生计资产对生计策略的影响和不同生计策略农户生计资产对其土地利用方式的影响；运用 DEA 模型方法测算不同生计策略农户的土地利用效率；利用计量模型测算不同生计策略农户土地利用集约度等。

1.5.1.5 案例实证分析法

以西部山区遵义市为研究案例区，实证分析农户生计资产对土地利用的影响。

1.5.2 技术路线

本书按照文献分析—实地调研—数据库建设—理论分析—实证分析的逻辑思路开展研究工作，技术路线如图 1.1 所示。

1.6 可能的创新与不足之处

1.6.1 可能的创新

（1）研究视角较新颖。本书聚焦于西部山区农户的土地利用行为，从农户生计资产视角解释我国农村微观的土地利用变化，反映了小农经济的国情。

（2）研究范式有特色。本书基于可持续生计分析框架，通过对"自然、政治、经济等背景差异—生计资产差异—生计策略差异—土地利用差异"的动态过程分析，构建"生计资产—土地利用"分析框架，揭示农户生计资产对土地利用的作用机制，是对已有的"宏观社会经济因素—土地利用变化"

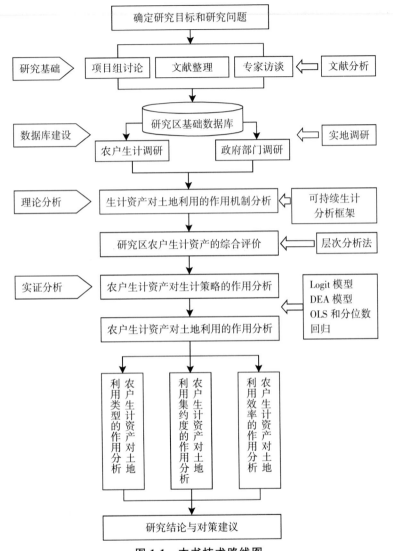

图 1.1　本书技术路线图

研究范式的细化和拓展。

（3）研究方法有新应用。本书基于可持续生计分析方法，综合应用农户行为和经济决策分析方法构建理论分析框架，并利用 Logit 模型以及 Koenker 和 Bassett（1978）提出的分位数回归分析方法实证分析农户生计资产对土地利用的影响，是已有研究方法在土地利用研究中的新应用。

1.6.2 不足之处

由于农户生计资产和土地利用问题涉及"自然—社会—经济"这个极其复杂的巨系统，各种影响因子交织在一起相互作用，因此对农户生计资产和土地利用关系的分析显得困难重重，导致本书可能存在着许多不足之处。

（1）从数据获取看，本书主要是采用农户问卷调查和参与式农村评估方法（PRA）获取农户生计资产和土地利用的截面数据，反映的是研究区农户生计资产与土地利用之间的现状关系。但由于缺乏连续跟踪的调查数据，难以反映农户生计资产变化与土地利用变化之间的耦合关系。

（2）从研究方法和手段看，本书更多的是使用计量经济的分析手段，但农户的土地利用决策行为非常复杂，利用博弈论的方法研究农户土地利用决策行为可能更为贴合实际。

（3）由于笔者研究能力和知识水平有限，对于许多理论的学习和理解还不够全面和深入，这就导致本书的理论分析的深度不够深入，有待于今后的进一步深入和完善。

2 理论基础和分析框架

2.1 基本概念的界定

2.1.1 农户

农户是一个具有多重含义的混合概念，它既是人们建立在婚姻和血缘基础上的发挥一定社会功能的社会组织，又是主要从事农业经营和农业生产的经济组织。如果从产权的角度看，对农户至关重要的既不是资产的经营权，也不是资产的所有权，而是应该拥有剩余控制权和剩余索取权（尤小龙，1999）。如果从经济组织的角度看，作为经济组织的农户是指家庭拥有剩余控制权，而且主要是依靠家庭劳动力从事农业生产的一种组织形式。如果与其他的农业生产组织形式进行比较，农户的本质特征是以家庭契约关系为基础的农业生产活动与家庭的相互作用。假如一个家庭根本就不从事农业生产，那么实际上它也就不具备农户的基本特征，因此也就不能称为农户了。但农户和一般的社会和经济组织相比，又有自己的独特之处。如与企业相比，农户往往具有多重经营目标，如利润最大化和风险最小化。随着我国经济社会结构的转型发展，农户的行为也发生了很大变化，如参与市场程度的加深，非农兼业行为的增加，甚至直接迁移到城市中工作和生活。因此从事农业生产的纯农户在逐渐减少，农户的分化和异质化程度也在加深。所以，要很好地概括农户特征，准确定义农户变得越来越困难。鉴于此，结合研究区的实际，本书所指的农户是以家庭契约关系为基础组织起来的社会经济组织。

2.1.2　生计资产

国际上最早对农户生计进行思考的是 Conway 和 Chambers，他们对生计的定义是："生计是谋生的方式，它建立在资产、能力和活动的基础上。"（Robe Chambers，1992）该定义的最大特点是它直接关注农户所拥有的生计资产及其选择之间的联系。后来 Ellis 对生计的定义是："包括资产、行动和获得这些的权利，这一切决定了农户的生活获取。"（Frank Ellis，2000）虽然他们的表述方式有所不同，但其核心内容却是一致的，即资产、能力和行动共同构成了生计的三大核心要素。在这三大要素中，生计资产又是生计结构最重要的基础，它决定了农户可能做出的选择及采取的行动策略。Conway和 Chambers 将生计资产分为无形资产（要求权和可获得权）和有形资产（储备物和资源）两个部分。Scoones 后来又将生计资产进一步分为 4 类，即自然资产、人力资产、金融资产和社会资产。2000 年，英国国际发展部（UK's Department for International De-velopment，DID）又将金融资产细分为物质资产和金融资产，这样生计资产就包括自然资产、物质资产、人力资产、金融资产和社会资产 5 个部分。自然资产（Natural Capital）是指人们生计活动所需的自然资源的储存和流动，主要指生计的资源流及相关的服务。它可分为无形的公共资本（生物多样性、大气）和有形的直接用于生产的资本（树木、土地等）以及生态服务。物质资产（Physical Capital）是指用以维持生计的基本生产资料和基础设施。人力资产（Human Capital）指个人拥有用于谋生的知识、技能以及劳动能力和健康状况。金融资产（Financial Capital）指用于购买消费性和生产性物品的现金以及个人可以获得的借款。社会资产（Social Capital）是指人们在追求生计目标的过程中所利用的社会资源。它包括社会组织（如宗教组织、亲朋好友和家族等）、社会关系网和社会联系。以上关于生计资产概念的分析，为本书奠定了坚实的理论基础。本书所指的农户生计资产是指农户生存所必需的自然和人文资源，这些资源可交换、贮存或配置，从而产生收入流或其他收益，包括自然资产、物质资产、人力资产、金融资产和社会资产。

2.1.3　土地利用

土地利用伴随着人类的出现而产生，是一个既古老又年轻的研究领域。特别是 20 世纪以来，人口的急剧增长导致可利用的土地资源相对越来越少，土地利用问题逐渐引起世界各国的重视。土地利用是人文地理学，尤其是经济地理学的重要研究内容。另外，经济科学、农业科学、城市科学等也以不同的方式研究土地利用。学术界目前对土地利用的概念尚未形成统一认识，主要存在以下观点：①土地利用是指人类劳动与土地结合获得物质产品和服务的经济活动，这一活动表现为人类与土地进行的物质、能量和价值、信息的交流、转换；②土地利用是由自然条件和人为干预所决定的土地功能；③土地利用是指人类对土地自然属性的利用方式和目的意图，是一种动态过程；④土地利用是指人类对特定土地投入劳动和资本，以期从土地得到某种欲望的满足；⑤土地利用是指在既定时间、空间和特定地点的一切已开发和空闲土地的表面状况。

综上所述，人类社会发展离不开土地，没有土地也就没有人类，同时，人类的土地利用活动使得土地质量和土地利用方式发生变化。土地利用是指由土地质量特性和人类土地需求协调所决定的土地功能过程。它包含两方面的含义：一是指人类根据土地质量特性开发利用土地、创造财富以满足人类生产和生活的需要；二是指利用土地改善环境、保护植被和土壤以期获得持久产量和协调人类与环境的关系。土地利用既受自然条件制约，又受社会、经济、政治、技术条件影响，是这些因素共同作用的结果。因此，从系统论的观点看，土地利用的实质是土地自然生态子系统和土地社会经济子系统以人口子系统为纽带和接口耦合而成的土地生态经济系统。考虑到研究区域和研究对象的实际情况,本书的土地利用主要指农户的农地利用,包括农地利用方式,农地利用集约度和农地利用效率。

2.2 可持续生计理论

可持续生计理论的提出是基于人们对贫困的考察由消费领域逐渐深入到生产领域,从贫困现象本身的界定逐渐扩展到贫困的原因,即从人们日常生产生活的角度理解贫困问题,并寻找用好本地资源、适合本地情况、符合当地人意愿的解决方法。

2.2.1 可持续生计概念

生计(Livelihood)在英语词典里的含义是指维持生活的手段和方式。许多研究贫困和农村发展的学者认为生计概念具有丰富的含义,生计这个词比"工作"、"收入"和"职业"有着更丰富的内涵和更大的外延。"可持续生计"是 20 世纪 90 年代在国际上流行开来的一个概念,这个概念建立在"可持续性"和"生计"这两个核心概念基础之上。生计的可持续性主要包括以下几方面的含义:首先,在面对外部的自然灾害和社会经济动荡的情况下,生计是可恢复的,不依赖于外部的支持;其次,不影响后代人的生计;最后,能够保持自然资源的长期可生产性。目前学界所采纳的生计定义是由Conway 和 Chambers 提出的。Conway 和 Chambers(1992)认为,"生计是谋生的方式,该谋生方式建立在能力(Capabilities)、资产(Assets)(包括储备物、资源、要求权和享有权)和活动(Activities)的基础之上",包括决定家庭或个人生活状况的资产(自然资产、物质资产、人力资产、金融资产和社会资产)、活动以及获取资产或进行活动的途径和权利(社会关系、制度)。

只有当一种生计能够应对并在压力和打击下得到恢复，以及在不极度使用自然资源的前提下可以对其能力和资产进行优化或者保护，这种生计才是可持续性的生计（Scoones，1998）。

2.2.2 可持续生计方法

随着对贫困问题属性理解的加深和可持续概念的提出，可持续生计方法作为可持续发展的研究工具应运而生。这一研究思想来源于 20 世纪 80 年代中期 Chambers 的研究工作，他除了考察传统意义上收入的贫困以外，还对引起贫困深层次的原因进行了辩证思考，特别强调了发展能力和机会的贫困，即缺少能力和机会去选择及完成基本的生计活动。

可持续生计方法是建立在以人为本的基础上，它从观察人们的生活开始，重点是从人的角度看变化的影响。可持续生计方法也是一种整体性和动态性相结合的方法，它不但承认人们生活的复杂性，承认人们有不同的生计策略，而且还认为人们的生计及对其产生作用和影响的环境制度因素总是处在不断的变化之中。可持续生计方法还是一种宏观与微观相联系的方法，它试图在宏观层面和微观层面之间建立桥梁，既强调宏观层面上的政策和制度对于社区和人的生计选择的重要性；同时也强调微观层面所获得的经验和对事物的内在理解对宏观层面的政策发展及计划工作的重要性。

可持续生计方法既是一种理论及思维框架，又是一个可以在操作层面指导工作的工具。随着可持续生计研究的进一步深入，可持续生计方法作为一种寻找农户生计脆弱性的原因并给出解决方案的建设性工具和集成分析框架（Martha G. R.、杨国安，2003），在理论上逐渐得到开发和重视（Chambers、Conway，1992；UNDP，1995；Scoones、Carney，1998；DFID，1999），并在世界各地的生计建设项目和扶贫开发中得到了实践及运用。由于对生计涵盖内容的理解不同，目前形成了多种可持续生计分析方法，主要有英国国际发展署（DFID）、联合国开发计划署（UNDP）和关怀国际（CARE）提出的可持续生计分析框架。但应用最广泛的是 DFID 提出的可持续生计分析框架，即 SL 框架（靳小怡等，2011）。

2.2.3 可持续生计框架

目前，在国际发展研究和实践中可持续生计分析框架得到越来越广泛的应用。现存的可持续生计分析框架主要有英国国际发展署（DFID）、联合国开发计划署（UNDP）和关怀国际（CARE）提出的可持续生计分析框架。其中，英国国际发展署（DFID）建立的 SLA 分析框架，已经被国内外许多组织和学者所采纳，应用最广泛。

DFID 模型建立在 Conway 和 Chambers 等对贫困性质理解的理论基础上，并且把他们的工作规范化，使之成为一套单独可共享的发展规划方法。该模型揭示出人们如何利用财产、权利和可能的策略去追求某种生计出路，建立了一个理解贫困的框架，也指出了根除贫困的潜在机会。整个框架如图 2.1 所示。

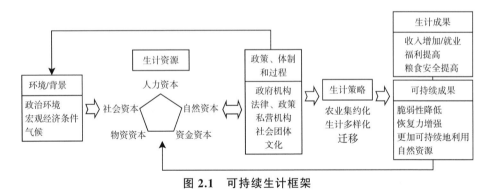

图 2.1　可持续生计框架

从图 2.1 可看出，该框架提供了一个研究农户生计的思路，有助于厘清影响农户生计的众多因素的错综复杂关系。它将农户看作是在某一特定的脆弱性背景中谋生，在此背景下，生计资本是可持续性生计框架的核心内容，其性质和状况决定了农户采用生计策略的类型，从而导致某种生计结果，生计结果又反作用于生计资产，影响生计资产的性质和状况。框架包括 5 部分内容。

2.2.3.1 脆弱性背景

脆弱性是一种承受灾害和损失的潜能，涉及承受、应付、抵抗灾难以及从这些影响中得以恢复的能力。脆弱性背景构成了人们生计活动的外部环境，人们的生计和生计资本的有效利用不仅受到外部冲击（如风暴、洪水、流行病、饥荒等）和周期性因素（价格、生产和就业的波动）的根本性影响，而且受到主要变化趋势（如资源、人口、经济、技术、政治和市场的发展变化趋势）的根本性影响。人们往往在脆弱的环境下追求他们的生计。

2.2.3.2 生计资本

生计资本是可持续生计框架的核心内容，是家庭或个人拥有的选择机会、采用的生计战略和所处风险环境的基础。生计资本包括自然资本、物质资本、人力资本、金融资本和社会资本 5 个部分。在不同的条件下，5 种生计资本可以相互转化和相互影响。

自然资本（Natural Capital）是指人们的生计活动所需要的自然资源的储存和流动，主要指生计的资源流及相关的服务。它可分为无形的公共资本（生物多样性、大气）和有形的直接用于生产的资本（树木、土地等）以及生态服务。自然资本与脆弱性背景联系最为密切。

物质资本（Physical Capital）是指用以维持生计的基本生产资料和基础设施，其意义在于提高贫困人口的生产力。

金融资本（Financial Capital）是指在消费和生产过程中人们为了取得生计目标所需要的积累和流动。它包括流量和存量两个部分，并有助于生产和消费。

人力资本（Human Capital）是指知识、技能、能力和健康状况，其内在价值在于它能更好地利用其他 4 种生计资本取得积极的生计结果，因此它是最为基础的生计资本。

社会资本（Social Capital）是指人们在追求生计目标的过程中所利用的社会资源。它包括社会组织（如宗教组织、亲朋好友和家族等）、社会关系网和社会联系。其作用是增强人们的相互信任和相互间的合作能力，并使其他机构对他们的需求给予更及时的反应。

2.2.3.3　政策、机构和过程

在 SLA 框架中，"政策、机构和过程"是指影响人们生计的组织、制度、政策和立法。政策主要包括各级政府的政策、国家层面的政策、国际机构和非政府组织的政策等；机构主要包括金融机构、企业、社区组织、非政府组织等；过程主要指社会规范和习俗、行为准则、社会阶层、民族文化、性别等。它们构成了人们生计的政治、社会、制度和组织结构背景，决定了人们对生计资本的拥有权、生计策略的选择、不同生计资本间的交换条件以及生计策略对经济或其他方面的回报等。

2.2.3.4　生计策略

生计策略是指人们为达到生计目标而对自身所拥有的生计资产进行组合和使用的方式。可持续性生计方法试图了解影响人们生计策略选择的因素，寻找一些可操控的模式以改善穷人的生计前景，帮助农户建立可持续的生计策略。在某种背景条件下，生计资本的状况决定了农户生计策略的选择。在 SLA 框架中，农户采用的生计策略主要有农业集约化、生计多样化和迁移 3 种类型。

2.2.3.5　生计成果

生计成果是生计策略或目标的实现和结果。在 SLA 框架中列举了 5 种可能的生计成果，即幸福感和生计资本的增加、更多的收入、食物安全性的提高和自然资源的更可持续利用、脆弱性和贫困的减弱。生计成果对生计资本有反馈作用，影响生计资本的性质和状况。

总而言之，可持续生计框架是一种非常好的生计途径分析方法。它为生计和贫困研究提供了一个指导性纲领，有利于找出生计的主要影响因素以及不同因素之间的关系，并在此基础上设计有针对性的干预措施。该框架能在不同的尺度上应用，例如，在个人、家庭、村寨、小流域、区域和国家尺度上的应用，有利于改善我们对生计特别是贫困或边缘群体的生计的理解。

2.3 农户土地利用的相关理论

2.3.1 农户行为理论

当代农户行为理论研究主要有三大学派：一是以美国经济学家西奥金·舒尔茨为代表的理性小农学派；二是以苏联经济学家 A. 恰亚诺夫为代表的组织学派；三是以西蒙为代表的有限理性假说。

西奥金·舒尔茨在其代表作《改造传统农业》中对农户的理性行为有较多的论述。他认为，即使在传统农业中，农民也并不愚昧，相反他们却都精明能干，农户就是在特定的资源和技术条件约束下的"企业"，他们的行为完全是理性的，其目标是追求利润最大化，农户时刻盘算着如何才能以最少的投入获得最多的产出，生产要素被他们配置得恰到好处，达到了最佳的状态。因此，传统农业的停滞，既不是因为小农进取心和努力的缺乏，也不是因为自由竞争市场经济的缺乏，而是因为传统农业投资边际收益的递减。不发达国家农业落后的原因在于经济增长过程中把工业化放在优先地位，而农业却是一个没有现代投入的部门，农业生产的任何增加都是来自农业劳动力和其他传统要素的增加。因此，试图通过重新配置现有生产要素来改变传统农业，只能是一厢情愿（T. W. 舒尔茨，1996）。

A. 恰亚诺夫通过对小农家庭经济与资本主义经济的比较分析，阐述了小农经济的特征与资本主义经济学的不适用性，提出对不同的经济类型应使用不同的概念和范畴。A. 恰亚诺夫认为，小农家庭农场的运行机制以劳动的供给与消费的满足为决定因素。他通过建立农户行为模型分析了俄罗斯农民在工作和休闲的时间分配行为，并提出了农户的劳动—消费均衡公式，该公式指出，对于农户的任何新增收入，都应该从其满足农户家庭消费需要及为获得收入所花费劳动的辛苦程度两方面去认识，农户对农场经济的投入量是以农户主观感受的"劳动辛苦程度"与消费产品所获得的满足感之间的均衡决定的。在追求最大化上，小农的选择是其消费需求的满足和劳动辛苦程度之间的平衡，而不是成本和利润之间的平衡。

西蒙认为以完全理性为前提的经济人最大化行为假设是有缺陷的。他认为信息的不完全性、外部环境的不确定性、人的计算能力和认识能力的有限性，使得人们要把所有的价值考虑统一到单一的综合性效用函数中成为不可能完成的事，因此人的理性是有限的。由于人的理性是有限的，因此人们不可能认识到所有的备选方案及其实施后果，也不可能对不确定的未来估计出一致的现实概率。所以，人们在决策的过程中遵循的并不是最优原则，而是满意原则。现实生活中消费者追求的不是效用最大化而是适度效用。西蒙运用"效用"模式分析传统农户，走出了农户完全理性的困境，认为人的理性不是无限的，人在面对外界信息做出各种反应时，理性因素和非理性因素同时发挥作用，信息的不完全性会导致人们决策和行为的非理性。

2.3.2 农户经济决策行为理论

2.3.2.1 农户经济行为的决策机制

由于我国现在还处于社会主义市场经济体制建立和完善的转轨时期，所以农民既不能被看成是舒尔茨所认为的"理性小农"，也不能被看成是恰亚耶夫所认为的"自给小农"，而应该被看成是从"自给小农"向"理性小农"转变的特殊时期的农民。但我们基本可以把其理解为"理性的小农"。Ellis认为"理性的小农"不是"具有理性最大化行为的经济人"，而是"有条件的最大化"，即在条件不一样的情况下农户的生产目标也是不同的。农民由于生产规模小和抗风险能力弱，因此农民一般被认为是风险规避者。农民规避风险的行为会遵循安全第一的"拇指规则"。因此农户有条件的最大化目标至少应包含以下两方面的含义：一是更高的收入；二是更多的保障，而不是单一的利润最大化。农户进行生产决策时会考虑各种可能出现的不利情况，为自己制定一个最不利情况下可以接受的最小收益界限以及它的发生概率。

转轨时期农户经济行为的决策机制应是资产约束下的利益—风险机制。资产是利益—风险机制中经济决策的基础。不同资产状况的农户对利益与风险的态度也不同。一般来说，资产匮乏的农户渴望利益最大，但其抗风险能力较差。资产充裕的农户具有一定的抗风险能力，且也希望利益最大。利益与风险是对立统一关系。利益越大，风险越大；风险越小，利益越小。在资产状况既定的情况下，农户在利益与风险之间寻求平衡。即农户在经济决策中，追求利益最大化，风险最小化。但这个目标的实现又受到技术、市场、信息、政策等其他因素的制约，因此要真正实现利益最大化，只能在利益—风险斗争的动态过程中实现。

2.3.2.2　农户经济行为的决策过程

农户经济行为的决策过程包括以下几个步骤：

（1）收集信息。农户经济决策的信息一般来自政府倡导的项目、亲戚朋友的介绍、周围农户的成功经验以及市场价格信号给出的信息。

（2）选择信息。农户会根据自己的资产状况和技术条件等从现实可能性上对现有信息做出选择。

（3）形成决策。农户以利益最大化为目标，通过利益—风险分析，在所有的生产经营项目中决策选择一个优势项目。

（4）咨询论证。农户通过对亲戚、朋友以及其他相关人员的进一步咨询、论证自己的决策，并寻求技术、资金和社会关系等方面的支持。

（5）修改调整。农户会根据相关人员的建议进一步调整和修改自己的计划及决策。

（6）付诸实施。农户把自己的经济决策付诸实际行动，形成相应的经济行为。

2.3.2.3　不同类型农户土地利用决策机制

（1）自给型农户土地利用决策机制。因为自给性农户是实物型农户，其土地利用还要受家庭消费的约束，因此，农户会根据其拥有的要素状况来进行土地利用决策。①选择能够生产最稳定和最高产量的作物以及相应的作物种植方式；②按一定的轮作方式和比例关系组合主种作物和补充作物以便能恢复地力；③选择一种合理的比率关系和作物轮作制度来均衡配置劳动力的全年劳动时间，以避免出现忙季劳动力供给不足，闲季无事可做的情况。

（2）商品型农户土地利用决策机制。商品性农户根据利润最大化原则进行土地利用决策，土地利用利润最大化决策包括如下几个方面：

（a）任一要素的边际产品价值等于边际要素成本（要素价格），即

$$MVPx_i = Px_i \tag{2.1}$$

式中，$MVPx_i$ 指要素的边际产品价值，Px_i 指要素价格。

（b）各种要素必须按最小成本的要求进行组合，即

$$MPPx_j = Px_j \tag{2.2}$$

式中，$MPPx_j$ 指要素的边际产量，Px_j 指要素价格。

（c）各种产品必须按利润最大化的要求进行组合，即

$$\frac{MVPx_i}{y_1} = \frac{MVPx_i}{y_2} = \cdots = \frac{MVPx_i}{y_n} \tag{2.3}$$

式中，$MVPx_i$ 指要素的边际产品价值，y_n 指产品类型。

（3）风险规避型农户土地利用决策机制。农户由于受资源条件的限制，导致其抗风险能力较差，因此，在土地利用决策时通常会采取适当的措施规避风险，这种农户称为风险规避型农户。与商品型农户的利润最大化原则相比较，风险规避型农户的决策遵循以下原则：

（a）由于不确定性导致风险的存在，农户要求要素的边际产品价值大于要素价格，即

$$MVPx_i > Px_i \tag{2.4}$$

要素边际产品价值和要素价格的差额叫"安全边际"，其量取决于风险程度，风险越大，需要的安全边际越大。

（b）风险规避型农户要素组合的决策仍按照最小成本原则进行，即

$$\frac{MPPx_i}{MPPx_j} = \frac{Px_i}{Px_j} \tag{2.5}$$

（c）由于风险的出现是由产品的选择与组合的比例决定的，风险规避型农户会按照风险越大的产品其边际产品价值应越大的原则进行产品选择决策，即如果产品风险 $y_1 > y_2 > \cdots > y_n$，则

$$\frac{MVPx_i}{y_1} > \frac{MVPx_i}{y_2} > \cdots > \frac{MVPx_i}{y_n} \tag{2.6}$$

2.3.3 可持续土地利用理论

可持续发展的概念主要来源于生态学，最初在林业和渔业中得到应用，它主要是指对资源的战略管理，即如何将全部资源中的合理部分加以收获，使得资源不受破坏，且新增加的资源数量足以弥补所收获的数量。随后，这一理念被广泛地应用到生物圈和农业开发，并且不只是考虑一种资源的情况。

可持续发展与传统的发展有着明显的不同，主要体现在以下五个方面：一是在经济上，要把眼前利益同长远利益结合起来综合考虑，计算经济成本时，应该计算环境损害的成本；二是在社会学上，要把环境意识认为是一个高层次的文明，通过文化、法规、公约和道德等多种途径，保护人类赖以生存的自然基础；三是在生产上，要同时考虑生产成本及其所造成的环境后果；四是在生产目标上，不以生产的高速增长为唯一目标，而应谋求供求平衡下的可持续发展；五是在哲学上，在"人是自然的奴隶"和"人定胜天"之间，应选择人与自然和谐共存的哲学思想，类似于中国古代的"天人合一"（王宏广，1995）。

1990 年 2 月在新德里由美国农业部（USDA）、美国 Rodale 研究中心和印度农业研究会（ICAR）共同组织的首次国际可持续土地利用系统研讨会（International Workshop on Sustainable Land Use System）正式确认了可持续土地利用的思想。该会议评价了世界不同地区可持续土地利用系统的现状和问题，并提议构建全球可持续土地利用系统研究网。1991 年 9 月在泰国德迈举行了"发展中国家可持续土地管理评价"国际研讨会以及 1993 年 6 月在加

拿大 Lethbridge 大学举行了"21 世纪持续土地管理"国际学术讨论会。这两次会议的主要成果是提出了可持续土地利用管理（Management）的明确概念、评价纲要和五大基本原则。提出的五大基本原则如下：一是生产性，即保证土地资源的合理利用和加强生产服务以提高其生产潜力。二是稳定性，即改善土地生产的生态条件以保证生产的稳定性。三是保护性，即不能因生产或高产而破坏水土资源。四是可行性，即生产与经济要双向可持续发展，决不能"高产"出"穷村"。五是可承受性，可持续必须考虑社会的可承受性，例如，第三世界国家目前首要考虑的是解决人民的温饱，在解决温饱的过程中逐步加强其生态环境的保护措施，最后达到生产与生态的高度结合。上述五大原则同等重要，被称之为可持续土地利用的五大支柱。

2.3.4　人地关系协调理论

人地系统是地球表面上地理环境与人类活动相互作用形成的开放复杂系统，两者是辩证统一的关系。人类作为人地系统的主体，一方面通过其经济社会活动影响并作用于地理环境；另一方面地理环境也对人类活动有反作用，它制约着人类活动的规模、强度和效果。其中，人类对土地的利用方式、效果以及土地的供需状况是反映人地关系协调最重要的两个方面。人地系统是指人类活动和基于土地之上的地理环境之间的相互关系，包括地对人和人对地两方面的关系。从人对地作用的角度看，它体现在人类通过各种社会、经济活动对环境系统和自然资源施加影响，这种影响可以分为三个层次（龚胜生，2000），即直接利用、改造利用和适应。从地对人作用的角度看，它体现在环境系统和自然资源对人类本身及其社会经济活动的影响，可以分为两个层次（龚胜生，2000），即固有影响和反馈作用。

人地关系的理论自人类诞生之日起就已经产生，中国古代思想家就有关于保持人口与土地平衡的关键是人口容量问题的论述。德国地理学家拉采尔受达尔文"进化论"的影响创立了"人地学"，他把生物与环境的关系类推为人类与自然环境的关系，是人地关系经典解释的奠基人。英国学者罗士培认为人地关系是指人类对自然环境的适应和相互作用，并且首次提出"协调"的思想，协调论的思想提出后很快受到各国学者的认同。美国学者巴罗斯提出了适应论的观点，强调人地关系中人类对自然环境的认识和适应。20世纪 60 年代后，自然与人文的统一已在世界上再次得到确认。20 世纪 70 年代后，伴随着人类社会经济的快速发展，人类与自然环境的矛盾日益加剧，协调论作为一种新型的人地观普遍为人们所接受，可持续发展观可以说是人地协调论的进一步发展。

人与环境的和谐是人类与环境相互作用中最本质的内在联系，是人类与环境作用中的核心部分，而土地作为营造人与环境和谐体系的基础，其区域动态平衡与人地系统调控必然要符合人与自然和谐的基本要求。在人地关系协调中，人与经济社会发展、自然资源和环境之间，存在着直接和间接的反馈作用并相互交织在一起。自然环境和自然资源对人类活动具有促进和抑制两种作用；人类对自然系统投入可控资源、开发各种资源、改善环境质量和治理自然灾害，从而可以实现产出并予以优化。纵观人类历史，人与环境的和谐程度大致可以包括：适应生存、环境安全、环境健康、环境舒适和环境欣赏五个方面。

人地系统的多反馈性和复杂性决定了人地相互协调的多路径选择性及复杂性，协调人地关系时应该遵循约束优化、能动调控、关联性和主量支配原理。约束优化是指人地关系的优化是有条件的，人类要规范、控制和约束自身的行为才能达到优化的目的。能动调控是指人具有主观能动性，可以按照客观规律调整自身与自然（土地）之间的关系，从而达到同步协调、和谐相处的目标。关联性是指人地系统的非线性反馈作用，导致人类与自然（土地）相互依存，相互关联，这是人地关系可调控的基础。主量支配是指人地系统尽管复杂，涉及因素很多，但在临界点附近起关键作用的变量不多，可通过消除一些次要变量，由主变量支配整个系统。人地关系协调发展的主要内容包括人地关系协调目标的综合性、经济增长与生态环境建设同步发展的模式、区域自然资源的合理开发和充分利用及生态环境的整治等内容。

2.4 生计资产对土地利用的作用机制：理论分析框架

可持续生计分析框架为分析农户生计资产对土地利用的影响提供了很好的方法和思路，在可持续生计分析框架中，生计资产是可持续生计分析框架的核心，是家庭或个人拥有的选择机会、采用的生计策略和所处风险环境的基础。农户的生计资产性质和状况决定了农户采用生计策略的类型，而不同生计策略农户其土地利用的决策和行为也是不同的，从而导致不同的土地利用结果。本书以可持续生计分析框架为基础，通过对"环境/背景差异—生计资产差异—生计策略差异—土地利用差异"的动态过程分析，构建了"生计资产—土地利用"的理论分析框架，以此说明生计资产对土地利用的作用机制。如图 2.2 所示。

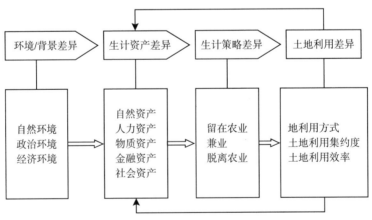

图 2.2 "生计资产—土地利用"分析框架

从图 2.2 可以看出，该框架提供了一个分析生计资产和土地利用关系的思路。它将农户看作是在某一特定的脆弱性背景中谋生，在特定时间节点上，环境和背景是一定的，存在的是农户间生计资本性质和状况的差异，这种差异又会导致农户生计策略选择的不同，不同生计策略农户由于土地利用行为的差异，最终会导致农户在土地利用方式、集约度、效率等各方面的差异。框架包括如下 3 部分内容。

2.4.1　环境/背景差异—生计资产差异

上述分析框架把农户看作是在一个脆弱的环境下去追求他们的生计，在其中他们可以使用一定的生计资产。拥有较多生计资产的农户往往拥有更多的选择权并有能力运用一些政策措施确保他们的生计安全。农户取得幸福的能力很大程度上取决于他们对生计资产的拥有，不同的生计资产组合可以达到不同的生计结果。环境/背景的差异包括自然环境的差异（环境破坏、自然灾害等）、政治环境的差异（政局动荡、制度和政策的改变等）和经济环境的差异（技术变革、经济周期和金融危机等）。环境/背景的差异直接导致了生计资产的差异，它的变化既可以创造生计资产又可以毁坏生计资产。例如，政府机构在投资于基础设施建设（物质资产）、制度建设（社会资产）以及技术革新（人力资本）的同时也就是创造生计资产的过程；而自然灾害的突发就有可能造成农田（自然资产）、基础设施（物质资产）的毁坏和人的健康的损害（人力资产）。另外，制度和政策也能在一定程度上调节农户对生计资产的拥有及响应的程度。例如，政府针对穷人的土地政策、补贴政策和免费教育政策能调节不同农户的生计资产性质及拥有水平。

2.4.2　生计资产差异—生计策略差异

生计策略是指农户为达到生计目标而对自身所拥有的生计资产进行组合和使用的方式。其中包括投资策略、生产活动、生育安排等。农户生计资产状况是农户拥有的选择机会、采用的生计策略和所处风险环境的基础。农户要取得积极的生计成果，必须拥有不同类型的生计资产，单靠一种类型的生计资产是不可能产生农户所追求的生计多样化的结果的。农户的生计策略是由农户的生计活动组成的，并通过农户的系列生计活动实现。农户的生计活动主要决定于其拥有的生计资产的性质和状况，农户通过不同生计资产的相互结合来实现其生计策略。例如，在贫困、偏远和落后的农村地区，农户可能主要靠以自然资产为基础的农业生产来维持生计，但以自然资产为基础的农业生产往往不足以维持其生计，这时农户就会采取其他的生计活动来维持生计，如受雇于他人、进城务工等。考虑到贫困山区的实际情况，本书中农户的生计策略可分为留在农业、兼业和脱离农业三种策略，对应三种生计策略的农户分别为纯农户、兼业户和非农户。农户的生计策略是动态的，随着农户生计资产状况的变化而调整。农户生计资产的差异包括生计资产数量的差异和结构的差异，假定农户是理性的，农户采取生计策略是为了赢得更多的收入和承担最小的风险，生计资产数量和结构的差异会影响农户基于收入最大化和风险最小化的生计策略决策，即农户生计资产的不同导致其生计策略选择的不一样。生计资产对生计策略的作用机理如图 2.3 所示。

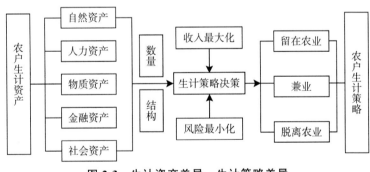

图 2.3　生计资产差异—生计策略差异

2.4.3　生计策略差异—土地利用差异

　　农户生计资产的性质和状况决定了农户所采用的生计策略，而不同生计策略类型农户由于其自然经济环境、主要劳动和资本投向、生产经营目标和自身经济实力的差异，其在土地利用行为和方式的选择上存在很大的差异（欧阳进良等，2004）。因此，不同生计策略类型农户土地利用行为和方式的选择主要受经营目标及自身资源的约束。农户生计策略对土地利用的作用过程是农户在利润最大化和自身资产约束的前提下选择生产和生活方式：或成为纯农户，或转为非农户，或选择兼业。农户对生计策略的不同选择会导致其不同的土地利用行为，不同类型农户的土地利用行为的差异主要表现在资本、劳动和技术投入以及土地经营规模的差异等方面，这种土地利用行为的差异最终会导致土地利用方式、土地利用集约度和土地利用效率等方面的差异。例如，纯农户由于其收入主要依靠农业生产，因此必然追求农业产出的最大化，要达到农业产出的最大化，必然会加大对土地的投入，从而其土地利用程度也较高，同时其还会通过租入土地的方式扩大经营规模。而兼业户由于其既从事农业生产又从事非农业生产，存在着农业投入和非农投入的权衡，因此它在生产决策中追求的是整体利益的最大化，即追求总收入的最大化。对于非农户而言，由于其收入主要来自非农领域，所以它在生产决策时必然追求非农收入最大化，从而把更多的资源配置到非农领域，这就导致对土地的投入不足，土地的利用程度和效率不高。农户生计策略对土地利用的作用机理如图2.4所示。

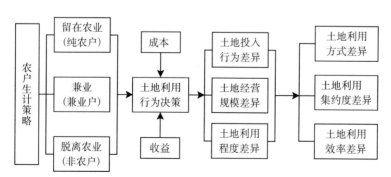

图2.4 生计策略差异—土地利用差异

3 农户生计资产的综合评价

在政治、经济、社会以及自然等因素决定的风险性环境中，农户拥有的生计资产水平决定了其所采取的生计策略。拥有较高水平生计资产的家庭往往具有更多的选择权及较强的应对风险和发现利用机会的能力，以确保其生计安全并可持续地使用自然资源；而那些生计资产匮乏的家庭往往缺乏开发替代资源的能力，从而在面对各种自然灾害时缺乏应对环境变化的能力，显得脆弱无助，只能依赖免费的公共资源，但这又会加剧环境的退化。因此，作为农户生计结构基础的生计资产状况是其拥有选择机会、采用生计策略和抵御生计风险的基础，也是获得积极生计成果的必要条件。准确量化农户的生计资产可以从本源上对农户未来发展态势进行识别，对研究农户的生计策略、生计脆弱性以及了解农户的生计现状都具有重要意义。

一些学者对生计资产的量化进行了大量的研究。李小云等（2007）对农户各生计资产的量化进行了分析；谢东梅（2009）也对农户生计资产进行了量化分析，并利用结果判断农户整体生活状况，试图达到对农村最低生活保障制度目标家庭准确瞄准的目的；徐鹏等（2008）通过建立农户生计资产评价指标体系，利用因子分析法对农户生计资产状况进行了综合评价；赵雪雁（2011）通过建立生计资产评估指标对甘南高原农户的生计资产进行评估，认为甘南高原农户的生计资产存在着空间异质性。闫海青等（2012）通过建立生计资产评价指标体系，运用因子分析法对昆明市 14 个县（市，区）山区农户的生计资产状况进行了评价。本书在借鉴国内外相关学者研究成果的基础上，以地处西部山区的遵义市为研究区，采用分层抽样方法与参与式农村调查评估法（Participatory Rural Appraisal，PRA）中的半结构式访谈（Se-mi-structured Interview）方法进行问卷调查和召开知情人士座谈会，收集研究区农户的生计资产属性和生计策略等相关数据，从农户生计资产量化的视角出发，根据研究区的具体情况，构建农户生计资产指标评价体系并测算农户积累的自然、物质、人力、金融和社会资产数值，同时依据农户采取的生计策略对农户分类，并对不同生计策略类型农户的生计资产特征进行剖析，为分析农户生计资产对土地利用的作用奠定基础。

3.1　指标体系的构建

3.1.1　指标体系构建的原则

根据研究区农户的实际情况，按照科学性与合理性、客观性与可操作性相结合的原则以及生计资产本身的特点，本书构建生计资产评价指标体系遵循以下具体原则：

3.1.1.1　科学性原则

选择合适的指标必须要在全面、系统、准确地把握生计资产内涵和实质的基础上，综合考虑研究区农户自然资产、人力资产、社会资产、物质资产和金融资产的特点，对相关指标进行筛选和取舍。而且，确定的指标体系既要避免指标繁琐和重复，也要减少重要性指标遗漏的情况，这样才能体现科学性原则。

3.1.1.2　代表性和对应性原则

指标的选取要结合研究区的实际情况，既要能反映出该区域内农户的自然资产、人力资产、社会资产、物质资产和金融资产 5 种生计资产水平，又要具有很强的代表性和对应性，使所选取的指标能从定义和性质归属到相应的准则层，方便指标体系的构建和有利于后续工作的开展。

3.1.1.3 可操作性原则

研究区农户生计资产指标评价体系需要的不仅是一套评价体系，更重要的是要通过它分析研究区农户的生计资产水平。因此，评价指标体系的设计既要能够较为科学、准确、全面，又要能够从定量的角度观察、记录和量化指标数据，并且减少难以量化的指标数量，提高评价体系的可操作性。

3.1.2　指标体系的构建

根据构建指标评价体系的原则，笔者通过对研究区农户深入的调研，并咨询了农业经济、土地管理等众多相关领域的专家和学者，在参考国内外相关专家和学者开展的生计资产定量研究的基础上，根据研究区具体的自然资源禀赋、文化生活习俗、生态环境、宗教信仰等，设计了农户的生计资产测量指标体系，如表 3.1 所示。本表总共分为 3 个层次。第一层为目标层，即研究区农户生计资产评价综合指数；第二层为准则层，包括自然资产、人力资产、社会资产、物质资产和金融资产；第三层次的指标是第二层次的具体细化，一共有 15 个指标，所取的 15 个指标都是生计资产指标中的核心和重点指标。

表 3.1　农户生计资产评价指标体系

资产类型	测量指标	定义
自然资产 Nature	人均耕地面积 n_1	调查年农户实际承包耕地面积（亩）
	人均林地面积 n_2	调查年农户实际承包林地面积（亩）
人力资产 Manpower	家庭总劳动力 m_1	调查年家庭实际劳动力数（人）
	家庭劳动力平均受教育年限 m_2	调查年家庭劳动力实际平均受教育年限（年）
	家庭成员参加技能培训次数 m_3	调查年家庭成员实际参加技能培训次数（次）
物质资产 Goods	人均住房面积 g_1	调查年家庭实际人均住房面积（m²）
	家庭住房质量 g_2	框架为 4；砖混为 3；砖木为 2；简易为 1
	固定资产 g_3	调查年农户家庭拥有固定资产总数占所有资产选项的比例，固定资产选项共设定为 10 项（元）
	生产基础设施 g_4	比较方便为 4；一般为 3；不方便为 2；极不方便为 1

续表

资产类型	测量指标	定义
金融资产 Financial	人均现金收入 f_1	调查年家庭总收入除以家庭总人口数（元）
	获得借款的机会 f_2	有为 1，无为 0
	家庭财产性收入 f_3	包括调查年利息；租金；土地征用补偿等（元）
社会资产 Society	家庭转移性收入 s_1	包括政策性补助和亲友馈赠收入（元）
	获取非农职业机会的途径 s_2	亲友介绍为 3；政府介绍为 2；应聘和自主创业为 1
	交通通信支出 s_3	交通和通信工具的各种服务和维修费用（元）

3.1.2.1　自然资产测量指标

土地是农户生产发展的基础，对农户的生产经营活动及其生活方式有着重要的影响。本书的自然资产用家庭人均拥有耕地和林地面积两个指标来衡量。两个指标的计算方法一样，即农户实际承包的耕地和林地总面积除以家庭总人口数。

3.1.2.2　人力资产测量指标

人力资产是农户追求不同的生计策略、实现有利生计结果的必要条件。本书选取三个指标测量人力资本：①家庭整体劳动力数，即调查年家庭实际劳动力人数。②家庭劳动力平均受教育年限。家庭劳动力受教育程度是典型的人力资本指标之一，家庭劳动力受教育程度越高，越有能力取得各种机会。计算时把家庭劳动力受教育的总年数除以家庭总劳动力数。③家庭成员参加专业技能培训的次数。专业技能培训也是人力资本的一种积累，农户接受的培训越多，越有利于家庭收入的多元化。

3.1.2.3　物质资产测量指标

物质资产包括维持生计所需要的基础设施和固定资产。物质资产的多寡在某种程度上反映了农户拥有其他资产的状况。物质资产的测量选择有以下4个指标：①人均住房面积，主要指调查年家庭人均实际住房面积。②家庭住房质量，不同住房质量可以比较出不同类型农户的居住和生活状况。计算时把农户住房质量分为框架、砖混、砖木和简易四种类型并分别赋值为 4、

3、2、1。③固定资产，包括耐用消费品和生产性工具，主要为耐用消费品。调查问卷中设计的家庭固定资产选项为 10 项，固定资产的度量值为农户所拥有的固定资产总数占所有资产选项的比例。④生产基础设施，包括生产道路和灌溉条件，分为比较方便、一般、不方便和极不方便四种情况，并赋值 4、3、2、1。

3.1.2.4 金融资产测量指标

金融资产主要是指农户可支配的资金储备以及可筹措到的各种形式的借款。金融资产的不足往往限制了农户的投资与发展。本书将家庭人均现金收入、获得借款的机会和家庭财产性收入作为衡量农户金融资产的 3 个指标。获得借款机会指标的度量主要是对能否获得借款进行赋值，能获得借款则赋值为 1，否则赋值为 0。家庭财产性收入包括租金、利息和土地征用补偿等。

3.1.2.5 社会资产测量指标

社会资产是指农户为实现不同的生计策略所需的社会资源。考虑到山区农户的实际情况，本书选取家庭转移性收入、获取非农职业的途径、家庭交通通信支出三个指标来间接衡量农户的社会资产。家庭转移性收入包括政策性补助和亲友馈赠收入；获取非农职业的途径包括亲友介绍、政府介绍、应聘和自主创业、并分别赋值为 3、2、1；家庭交通通信支出指家庭用于交通和通信工具的各种服务和维修费用。

3.2 指标权重确定

3.2.1 层次分析法

本书采用层次分析法测度农户生计资产测量指标体系的指标权重。层次分析法（AHP）是美国运筹学家 A. L. Saaty 于 20 世纪 70 年代提出的一种定性与定量相结合的多目标决策分析方法。它将决策者对复杂系统的决策思维过程模型化、数量化，通过将复杂问题分解为若干层次和若干因素（或指标），由专家和决策者对所列指标通过两两比较重要程度而逐层进行判断评分，再根据判断矩阵的特征向量确定各指标的权重，为决策分析提供依据。表 3.2 判断矩阵是根据评价目标 A_k，针对每一层中的各个指标 B_i，判定各个有关指标的相对重要性的矩阵。

表 3.2　B_i 对 B_j 的相对重要性的判断矩阵

A_k	B_1	B_2	B_3	…	B_n
B_1	b_{11}	b_{12}	b_{13}	…	b_{1n}
B_2	b_{21}	b_{22}	b_{23}	…	b_{2n}
…	…	…	…	b_{ij}	…
B_n	b_{n1}	b_{n2}	b_{n3}	…	b_{nn}

其中 $b_{ij}(i=1, 2, \cdots, n; j=1, 2, \cdots, n)$ 表示对于目标 A_k 而言，指标 B_i 相对 B_j 的相对重要性判断值，b_{ij} 的取值一般需要咨询相关领域专家，并服从表 3.3 而定。

表 3.3　AHP 判断矩阵取值的含义

b_{ij}	含义
1	B_i 相对 B_j 同等重要
3	B_i 相对 B_j 稍微重要
5	B_i 相对 B_j 明显重要
7	B_i 相对 B_j 强烈重要
9	B_i 相对 B_j 极其重要
2、4、6、8	B_i 相对 B_j 的重要程度分别介于 1~3、3~5、5~7、7~9
$b_{ij}=1/b_{ji}$	B_i 相对 B_j 的不重要程度

根据本书研究的实际情况，在利用 Delphi 法确定多个不同判断矩阵后，可以利用方根法计算出权重矢量，然后计算判断矩阵的最大特征根和相应的

特征向量，并进行一致性检验，最终可以确定 B_i 的权重。例如，假定在某种情况下确定的判断矩阵为如下矩阵：

$$A = \begin{vmatrix} a_{11} & a_{12} & \cdots & a_{1n} \\ a_{21} & a_{22} & \cdots & a_{2n} \\ \cdots & \cdots & \ddots & \cdots \\ a_{n1} & a_{n2} & \cdots & a_{nn} \end{vmatrix} \tag{3.1}$$

那么，用方根法计算权重矢量，首先需要计算判断矩阵中每行元素的几何平均值，其表达式如公式3.2：

$$\widetilde{w} = \left(\prod_{j=1}^{n} a_{ij} \right)^{\frac{1}{n}} \quad (i = 1, 2, \cdots, n) \tag{3.2}$$

此时可获得如下矢量：

$$\widetilde{\omega} = (\widetilde{w}_1, \widetilde{w}_2, \cdots, \widetilde{w}_n)^T \tag{3.3}$$

其次将矢量 $\widetilde{\omega}$ 中的元素通过以下公式转化（即归一化）：

$$\widetilde{w}_i = \left(\prod_{j=1}^{n} a_{ij} \right)^{\frac{1}{n}} \quad (i = 1, 2, \cdots, n) \tag{3.4}$$

可获得权重矢量 $\omega = (w_1, w_2, \cdots, w_n)^T$，最后通过公式3.5

$$\lambda_{max} = \sum_{i=1}^{n} \frac{(A\widetilde{\omega})_i}{nw_i} \tag{3.5}$$

求出判别矩阵的最大特征根，即

$$C.I. = \frac{\lambda_{max} - n}{n - 1} \tag{3.6}$$

当 C.I. ≤ 0.1 时，则说明假设某种情况下的判断矩阵 A 有相容性，如果选取多个不同情况下的判断矩阵，则可以获得多个权重矢量，并选取最优的那个进行研究。

3.2.2 判断矩阵及权重确定

根据以上方法，可计算出各资产类型及其测量指标重要性判断矩阵和权重，如表 3.4 至表 3.9 所示。

3.2.2.1 资产类型重要性判断矩阵与权重计算

表 3.4 资产类型重要性判断矩阵与权重

	自然资产	人力资产	物质资产	金融资产	社会资产	权重
自然资产	1	1	1	1/2	1	0.1728
人力资产	1	1	2	1	1	0.2280
物质资产	1	1/2	1	2	2	0.2280
金融资产	2	1	1/2	1	1	0.1985
社会资产	1	1	1/2	1	1	0.1728

重要性判断矩阵一致性检验结果 = 0.0704，lambda_{max} = 5.3154

3.2.2.2 资产类型测量指标重要性判断矩阵与权重计算

表 3.5 自然资产测量指标重要性判断矩阵与权重

自然资产	人均耕地面积	人均林地面积	权重
人均耕地面积	1	2	0.6667
人均林地面积	1/2	1	0.3333

重要性判断矩阵一致性检验结果 = 0.0000，lambda_{max} = 2.0000

表 3.6 人力资产测量指标重要性判断矩阵与权重

人力资产	家庭整体劳动力	家庭主要成员文化程度	家庭成员参加技能培训次数	权重
家庭整体劳动力	1	2	2	0.5000
家庭主要成员文化程度	1/2	1	1	0.2500
家庭成员参加技能培训次数	1/2	1	1	0.2500

重要性判断矩阵一致性检验结果 = 0.0000，lambda_{max} = 3.0000

表 3.7　物质资产测量指标重要性判断矩阵与权重

物质资产	人均住房面积	家庭住房质量	家庭固定资产	生产基础设施	权重
人均住房面积	1	1	1	2	0.2929
家庭住房质量	1	1	1	2	0.2929
家庭固定资产	1	1	1	1/2	0.2071
生产基础设施	1/2	1/2	2	1	0.2071

重要性判断矩阵一致性检验结果 = 0.0923，lambda_{max} = 4.2463

表 3.8　金融资产测量指标重要性判断矩阵与权重计算

金融资产	人均现金收入	获得借款的机会	家庭财产性收入	权重
人均现金收入	1	3	2	0.5499
获得借款的机会	1/3	1	1	0.2098
家庭财产性收入	1/2	1	1	0.2402

重要性判断矩阵一致性检验结果 = 0.0000，lambda_{max} = 3.0000

表 3.9　社会资产测量指标重要性判断矩阵与权重计算

社会资产	家庭转移性收入	获取非农职业机会的途径	交通通信支出	权重
家庭转移性收入	1	1	1	0.3275
获取非农职业机会的途径	1	1	1/2	0.2599
交通通信支出	1	2	1	0.4126

重要性判断矩阵一致性检验结果 = 0.0516，lambda_{max} = 3.0536

综合以上计算，可以得到农户生计资产各层次测量指标体系的权重，如表 3.10 所示。

表 3.10　农户生计资产测量指标的权重

目标层	资产类型	权重	测量指标	对资产类型权重	对目标层权重
研究区农户生计资产	自然资产	0.1728	人均耕地面积	0.6667	0.1152
			人均林地面积	0.3333	0.0576

续表

目标层	资产类型	权重	测量指标	对资产类型权重	对目标层权重
研究区农户生计资产	人力资产	0.2280	家庭整体劳动力	0.5000	0.1140
			家庭成员的文化程度	0.2500	0.0570
			成员参加技能培训数	0.2500	0.0570
	物质资产	0.2280	人均住房面积	0.2929	0.0668
			家庭住房质量	0.2929	0.0668
			固定资产	0.2071	0.0472
			生产基础设施	0.2071	0.0472
	金融资产	0.1985	家庭人均现金收入	0.5500	0.1092
			获得借款的机会	0.2098	0.0416
			家庭财产性收入	0.2402	0.0477
	社会资产	0.1728	家庭转移性收入	0.3275	0.0566
			获取非农职业机会途径	0.2599	0.0449
			家庭交通通信支出	0.4126	0.0713

3.3　数据的标准化处理

为消除变量间的量纲关系，在进行数据分析前必须对数据进行标准化处理，经过标准化处理的指标数据才具有可比性。本书运用离差标准化法（即 0~1 标准化）对数据进行标准化处理，使其结果落在 ［0，1］ 区间，其线性转化函数如下：

$$X' = \frac{X - X_{min}}{X_{max} - X_{X_{min}}} \tag{3.7}$$

式中，X_{max} 为样本变量的最大值，X_{min} 为样本变量的最小值。

3.4　综合评价方法

农户生计资产各层次测量指标值并不等于各级指标的简单相加，而是一种加权求和的关系，要根据所属下级指标层的指标值进行加权计算而得。本书采用综合指数法计算农户单项生计资产总水平，其计算公式为：

$$Y = \sum_{j=1}^{m} Y_j W_j \tag{3.8}$$

式中，Y 表示农户单项生计资产总水平，Y_j 表示第 j 项生计资产衡量指标数值，W_j 表示第 j 项指标的权重，通过这种方法，可以将 m 个已经标准化的指标进行综合处理，得出一个介于 0~1 的综合指数。

3.5　评价结果

3.5.1　不同生计策略农户的划分

国内目前主要有两种农户生计策略划分方法：一是中国社会科学院农村发展研究所在 2002 年提出的分类方法，该方法把农业收入大于家庭收入 95% 以上的农户归为农业户，非农收入大于家庭收入 95% 以上的农户则划为非农业户，介于两者之间的农户为兼业户，以农业为主为一兼户，以非农为主为二兼户；二是 2004 年 10 月国家统计局制定的农村住户调查方案中相关规定，主要将 95% 的比例调整成为 90%（花晓波，2014）。考虑到研究区的实际情况，本书按照非农化程度及农户生计多样化的差异，综合已有农户类型划分的研究成果，利用农户兼业程度（非农业收入占家庭总收入的比重）对不同生计策略农户进行分类，具体标准为：非农业收入占家庭总收入的比重少于 10% 的农户为纯农户，其生计策略选择为留在农业；介于 10%~90% 的为兼业户，其生计策略选择为兼业；90% 以上的为非农户，其生计策略选择为脱离农业。依据这个标准，研究区实际调查的 620 户总样本中，纯农户只有 55 户，兼业户有 318 户，非农户有 247 户。这说明了改革开放以来，随着我国工业化和城镇化的快速推进，对我国传统农业产生了很大的冲击，导致农户的生计策略发生了很大的分化，具体表现为纯农户所占比重下降，兼业户和非农户所占比重上升，即农户的生计多样化趋势明显。

3.5.2 不同生计策略农户生计资产差异

运用式（3.8）对数据进行综合处理，可以计算出不同生计策略农户拥有的生计资产值，表 3.11 至表 3.13 列出了不同生计策略农户生计资产指标值，从这些指标值可以看出不同生计策略农户生计资产拥有水平的差异。

表 3.11　不同生计策略农户生计资产总值比较

	总样本	纯农户	兼业户	非农户
生计资产总值	0.2064	0.2162	0.2068	0.2045
Number of obs	620	55	318	247

表 3.12　不同生计策略农户五种生计资产评价指标比较

资产类型	总样本		纯农户		兼业户		非农户	
	平均数	标准差	平均数	标准差	平均数	标准差	平均数	标准差
Nature	0.113	0.004	0.195	0.015	0.117	0.006	0.090	0.004
Manpower	0.259	0.005	0.208	0.013	0.265	0.007	0.264	0.009
Goods	0.350	0.005	0.413	0.018	0.346	0.007	0.342	0.008
Financial	0.161	0.005	0.133	0.010	0.160	0.006	0.170	0.008
Society	0.093	0.004	0.084	0.011	0.090	0.006	0.099	0.007
Number of obs	620		55		318		247	

表 3.13 不同生计策略农户五种生计资产细分指标比较

资产类型	总样本		纯农户		兼业户		非农户	
	平均数	标准差	平均数	标准差	平均数	标准差	平均数	标准差
Nature								
n_1	0.64	0.02	1.14	0.09	0.66	0.03	0.51	0.02
n_2	0.90	0.09	0.89	0.13	1.00	0.17	0.78	0.05
Manpower								
m_1	3.19	0.06	2.62	0.15	3.34	0.09	3.12	0.09
m_2	6.82	0.04	6.70	0.14	6.71	0.06	6.98	0.07
m_3	0.46	0.04	0.33	0.11	0.45	0.05	0.50	0.06
Goods								
g_1	28.17	0.61	28.82	1.28	29.12	0.93	26.80	0.93
g_2	2.67	0.03	2.80	0.09	2.69	0.04	2.61	0.04
g_3	92331.61	2671.21	145109.10	22334.84	88192.45	2342.19	85908.50	2967.31
g_4	2.43	0.04	2.85	0.11	2.32	0.05	2.47	0.06
Financial								
f_1	5010.08	146.37	4494.16	385.32	4888.48	191.83	5281.51	257.65
f_2	0.29	0.02	0.20	0.05	0.30	0.03	0.29	0.03
f_3	2065.50	197.28	2185.46	303.60	1485.54	182.39	2785.47	426.90
Society								
s_1	2925.78	322.09	1976.46	242.71	2550.63	136.93	3620.16	785.97
s_2	1.34	0.03	1.07	0.04	1.33	0.04	1.42	0.05
s_3	1620.13	76.62	2610.91	389.42	1587.52	102.62	1441.49	105.68
N	620		55		318		247	

3.5.2.1 生计资产总值

　　研究区调查农户生计资产总值水平普遍偏低,这也说明西部山区经济发展水平落后,农民的生活水平还不高,拥有的生计资源也较少。生计资产总值的顺序依次为:纯农户(0.2162)>兼业户(0.2068)>非农户(0.2045)(见表 3.11)。但三种生计策略农户的生计资产总值差异较小。纯农户虽然在人力资产、金融资产和社会资产拥有水平上均较为匮乏,但却拥有较多的自然资产和物质资产。而非农户虽然拥有较多的人力资产、金融资产和社会资产，但在自然资产和物质资产拥有水平上较为匮乏。这说明不同生计策略农户拥有不同类型的生计资产的数量不一样，即其具有不同的生计资产结构。从而也说明了农户生计资产结构对其生计策略的选择具有重要的影响。

3.5.2.2　自然资产

自然资产总值得分的顺序为：纯农户>兼业户>非农户（见表 3.12），纯农户是非农户的 2.17 倍。自然资产各指标上，纯农户的人均耕地为 1.14 亩，而非农户的平均耕地只有 0.51 亩（见表 3.13）。这说明自然资产的多少是决定农户是否从事传统农业生产的前提条件。

3.5.2.3　人力资产

人力资产总值得分的顺序为：兼业户>非农户>纯农户（见表 3.12）。兼业户与非农户人力资产水平相当，但兼业户的人力资产总值却高出最低的纯农户 27.4%。另外，兼业户的家庭整体劳动力水平最高，家庭整体劳动力主要体现了家庭中能够从事农业或非农的劳动力整体数量和质量，说明兼业户家庭劳动力相对农业生产的需要来说是过剩的，因此必须寻找非农职业以消化过剩的劳动力。而非农户的家庭平均受教育水平较高，反映出该类型农户劳动力质量较高，能够较充分地参与非农活动，获得更多的非农收入。这些都说明了人力资产的多少是决定农户是否从事非农活动的关键因素。

3.5.2.4　物质资产

物质资产总值得分的顺序为：纯农户>兼业户>非农户（见表 3.12）。物质资产反映农户维持生计所需要的基础设施和固定资产，包括农户住房、生产性工具和生产基础设施等。纯农户得分最高的原因是其农业生产工具较多和生产基础设施较好。这也说明农业生产工具的多少和生产基础设施的好坏是农户从事农业生产的重要条件。

3.5.2.5　金融资产

金融资产总值得分的顺序为：非农户>兼业户>纯农户（见表 3.12）。这主要是因为非农户的家庭人均现金收入水平最高，是收入最低的纯农户的

1.17 倍。另外，非农户在获得银行贷款及财产性收入等方面也具有较高水平。这说明非农户市场意识较强，收入来源多元，且善于利用金融市场为自己的生产和生活服务。纯农户家庭人均现金收入较低，除了来自传统农业，还包括粮食补贴、国家扶贫款项、亲朋无偿赠与、出租土地的地租等，反映出纯农户收入来源单一，家庭整体经济水平较低。

3.5.2.6　社会资产

社会资产总值得分的顺序为：非农户>兼业户>纯农户（见表 3.12）。非农户在家庭转移性收入和获取非农职业机会的途径得分较高，这表明非农户社会网络广，社会交往多，能够更多地获得资金和非农职业介绍上的帮助。而纯农户社会交往圈子小，无论是在获取非农职业机会还是在资金上得到的帮助都较少。这也说明了社会资本的多少对农户选择非农活动有较大影响。

3.6　结论与讨论

本章根据研究区农户的实际情况，按照科学性与合理性、客观性与可操作性相结合的原则以及生计资产本身的特点，构建了研究区农户生计资产评价指标体系，并利用该评价指标体系对不同生计策略农户的生计资产进行综合评价，综合研究评价结果可以得出如下结论：

（1）研究区调查农户生计资产总值水平普遍偏低，这也说明西部山区经济发展水平落后，农民的生活水平还不高，拥有的生计资源也较少。

（2）不同生计策略农户的生计资产总值差异较小，主要是在不同类型生计资产的拥有结构上差异较大。

（3）纯农户拥有较多的自然资产和物质资产，有利于其从事传统的农业生产，但其人力资产、金融资产和社会资产较匮乏，不利于其从事现代农业生产。

（4）非农户和兼业户拥有较多的人力资产、金融资产和社会资产，有利于其生计策略的多样化，但由于其自然资产和物质资产较匮乏，也不利于其返乡创业成为现代农业的生产经营者。

以上结论对政府制定政策有一定的启示：

（1）鼓励土地流转，增加农户的自然资产和物质资产，培育种、养大户。政府可以通过制定相关优惠政策推动土地流转，发展适度规模经营，一方面鼓励一部分较低收入农户外出务工，流出土地，一部分思想先进的农户流入土地，成为种、养大户；另一方面鼓励较高收入农户回乡创业，建设村级企业、农业专业合作社，发展村级特色产业链。

（2）强化农民培训，重建社会关系网络，加强金融支持，增加农户的人力资产、社会资产和金融资产。针对不同文化水平的农户进行不同技能的培训，培育一批农业生产经营型农民，一批农业后继农民和一批农业操作型农民，构建一个完善的农村经营体系。动员全社会力量参与进来关注社会建设，为农民的生产和生活提供一个良好的和谐环境。同时，要完善社会保障体系，为家庭解决后顾之忧。积极引导和鼓励各金融机构特别是涉农金融机构参与对农户生产的信贷支持，形成合力，不断加大信贷支持力度。

4 农户生计资产对生计策略的作用

生计策略是指农户为了实现生计目标而采取的行动和选择，包括生产活动、投资策略、生育安排等。农户生计策略作为实现生计目标所采取的活动，在特定的背景条件下，它决定了农户对自然资源的使用方式以及生计结果。农户生计策略变化对土地利用变化、生态安全、生计可持续性及农村可持续发展等方面都有着重要的意义。因此，近几十年来农户生计策略变化研究成为全球地理学和生态学等相关学科研究的热点问题。

生计策略是由多种生计方案所组成的集合。农户生计策略主要包括生计多样化、农业集约化、农业扩大化和人口迁移等方面。但伴随着发展中国家环境的剧烈变化（如气候变化、快速的城镇化和经济增长等），农户生计资产、脆弱性环境（如自然灾害、价格变化）和外部环境等方面也都发生剧烈变化，这些变化往往导致农户生计策略的转换。目前，国际上对农户生计策略变化的研究主要集中在生计多样化和生计替代两个方面，前者是指生计活动由单一转向多元的过程，后者是指旧的生计策略被新的生计策略完全取代的过程，研究地主要集中在拉丁美洲和非洲等较为贫困地区。

一般而言，家庭或个人拥有的生计资产状况和性质是理解家庭或个人拥有的选择机会、采用的生计策略和所处的风险环境的基础。农户采取的生计策略取决于其所拥有的资产状况，农户通过组合不同性质资产应对风险和冲击。因此，通过研究农户生计资产和生计策略的关系，有助于理解农户生计状况和政府制定的合理政策。国内学者也对农户生计资产和生计策略进行了较多的研究。如苏芳等（2009）对农户的生计资产与生计策略之间的关系进了量化研究；张海盈等（2013）研究了新疆喀纳斯生态旅游景区牧民生计资本与参与旅游业的生计策略的关系；赵雪雁等（2011）研究了生计资产影响生计策略的选择；史月兰等（2014）运用多元 Logistic 回归分析等方法对农户的生计资本与生计策略之间的关系进行了研究。

以上学者虽然对农户生计资产和生计策略的研究取得了较好成果，但对经济发展水平低和生态环境脆弱的西部山区农户生计资产和生计策略的研究不多。因此，本章将从农户生计资产对生计策略的作用机理出发，基于研究区农户生计策略的分类和前面对农户生计资产的评价结果，利用多元 Logit 模型实证分析研究区农户生计资产对其生计策略的影响，并据此得出相应的结论和政策含义。

4.1　农户生计资产对生计策略的作用机理

农户生计是农户谋生的方式，该谋生方式建立在能力、资产和活动的基础之上。农户生计资产是指农户生存所必需的自然和人文资源，这些资源可交换、贮存或配置，从而产生收入流或其他收益。农户生计策略是指农户为了实现生计目标而采取的行动和选择，包括投资策略、生产活动、生育安排等。一般而言，农户拥有的生计资产状况和性质是理解农户拥有的选择机会、采用的生计策略和所处的风险环境的基础。农户要取得积极的生计成果，必须拥有不同类型的生计资产，单靠一种类型的生计资产是不可能产生农户所追求的生计多样化的结果的。农户的生计策略是由生计活动组成的，并通过系列生计活动实现。在不同的生计资产状况下，农户生计活动呈现资产的依赖性和多样性，并且相互结合而实现生计策略。因此，在某种背景条件下，农户的生计资产状况将决定农户的生计策略的采纳和调整。生计资产越多的农户，可以选择的范围往往越大，而且拥有能够在各种生计策略中灵活转换以保护他们生计的能力。农户生计策略实际上是农户依据其生计资产组合所作出的各种行为策略。假定农户是理性的，农户采取生计策略是为了获得更多的收入和承担最小的风险，生计资产数量和结构的改变会影响农户基于收入最大化和风险最小化的生计策略决策，即生计资产的差异决定了生计策略的不同选择。生计资产对生计策略的作用机理如图4.1所示。

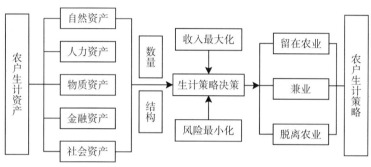

图 4.1 农户生计资产对生计策略的作用机理

4.2 农户生计资产对生计策略的影响

从前一节的分析可知，农户生计资本的性质和状况对其生计策略类型的选择有重大的影响。拥有生计资本越多的家庭其选择的范围也越大，并且具有能够在各种生计策略中灵活转换以保护他们生计的能力。农户会根据自己所拥有的优势生计资本来选择相应的生计策略以实现自己的生计目标。为进一步分析农户生计资产对其生计策略的影响，本节将利用多元 Logit 模型来实证分析研究区农户生计资产对其生计策略的影响。

4.2.1 模型的构建

本书根据研究区的实际情况，将农户的生计策略分为留在农业（纯农户）、兼业（兼业户）和脱离农业（非农户）三种类型。假设农户对生计策略存在留在农业、兼业和脱离农业三种选择，那么第 i 个农户选择第 j（j = 1，2，3）种生计策略的潜变量函数表达式为：

$$\eta_{ij} = X_i\alpha_j + \varepsilon_{ij} \quad (j = 1, 2, 3) \tag{4.1}$$

式中，η_{ij} 为潜变量（假设农户会选择自己收益最大且风险最小的生计策略，该潜变量可以定义为农户选择生计策略的收益），X_i 表示第 i 个农户的 $1 \times q$ 特征变量，即第 i 个农户在生计策略选择上的影响因素（本书中为农户生计资产），α_j 表示 j 个 $q \times 1$ 系数向量。在本书中如果农户的第 k 个选择让其认为能够获得最大的收益，则农户将会选择 k。即

$$\phi_{ijk} = \eta_{ij} - \eta_{ik} = X_i(\alpha_j - \alpha_k) + (\varepsilon_{ij} - \varepsilon_{ik}) = X_i\gamma_{j'} + \varepsilon_{ij'}$$

其中

$$j' = \begin{cases} j(j < k) \\ j - 1(j > k) \end{cases} \Rightarrow j' = 1, 2 \tag{4.2}$$

本书选取多元 Logit 模型进行模型估计，必须假定随机误差项 ε_{ij} 互相独立，并服从逻辑分布。为保证模型的可识别性，设定 $a_m = 0$。其中，m 为基础类别（这里我们以留在农业为参照类别），则第 i 个农户选择第 k 个生计策略的概率为：

$$Pr(y_i = k) = Pr(\phi_{i1k} \leq 0, \cdots, \phi_{i3k} \leq 0) = Pr(\varepsilon_{i1} \leq -X_i\gamma_1, \cdots, \varepsilon_{i3} \leq -X_i\gamma_3)$$

$$= \frac{e^{X_i\gamma_k}}{\sum_{j'=1}^{3} e^{X_i\gamma_{j'}}} \tag{4.3}$$

4.2.2 模型估计结果

运用 Stata11 对模型进行估计，表 4.1 为以留在农业（纯农户）为参照的

各个模型估计结果。

表 4.1   农户生计资产对生计策略作用的模型估计结果

生计资产	兼业户模型		非农户模型	
	Coef.	P > z	Coef.	P > z
Nature	−6.261***	0.000	−10.424***	0.000
Manpower	4.205***	0.002	3.734***	0.009
Goods	−6.046***	0.000	−6.154***	0.000
Financial	5.2728***	0.004	6.021***	0.001
Society	−0.888	0.589	−0.364	0.827
_cons	3.352***	0.000	3.513***	0.000
Number of obs = 620		LR chi2(10) = 85.75		
Prob > chi2 = 0.000		Pseudo R^2 = 0.0748		

从表 4.1 可以看出，农户不同生计资产对其生计策略选择具有不同的影响，具体影响如下：

4.2.2.1   自然资产的影响

从表 4.1 可以看出，无论是兼业模型还是非农模型，自然资产对农户生计策略的选择都有显著的负向影响（都在 1% 的显著水平下显著，且符号为负）。这说明在以留在农业（纯农户）为参照的估计中，自然资产越多的农户在留在农业（纯农户）与兼业这两种生计策略的选择上，将会优先选择留在农业（纯农户），而在留在农业（纯农户）与脱离农业（非农户）这两种生计策略的选择上，也会优先选择留在农业（纯农户）。目前，我国农户最重要的自然资产是土地，农户拥有土地资源的类型、数量、分布以及土地生产潜力等状况都会对农户选择是否从事农业生产产生重要影响。

4.2.2.2   人力资产的影响

从表 4.1 可以看出，无论是兼业模型还是非农模型，人力资产对农户生计策略的选择都有显著的正向影响（都在 1% 的显著水平下显著，且符号为正）。这说明在以留在农业（纯农户）为参照的估计中，人力资产越多的农户在留在农业（纯农户）与兼业两种生计策略的选择上，将会优先选择兼业，而在留在农业与脱离农业（非农户）两种生计策略的选择上，也会优先选择脱离农业（非农户）。这表明农户劳动力的素质状况是影响农户选择兼业和非农生计策略的重要因素。这主要是因为农户基于收入最大化和风险最小化目标所进行的生计策略决策，会使农户家庭中身体素质较好、受教育程度较高和有技能的优质劳动力选择外出或从事非农经营活动，而素质相对较差的劳动力倾向于选择农业生产。

4.2.2.3　物质资产的影响

从表 4.1 可以看出，无论是兼业模型还是非农模型，物质资产对农户生计策略的选择都有显著的负向影响（都在 1% 的显著水平下显著，且符号为负）。这说明在以留在农业（纯农户）为参照的估计中，物质资产越多的农户在留在农业（纯农户）与兼业两种生计策略的选择上，将会优先选择留在农业（纯农户），而在留在农业与脱离农业（非农户）两种生计策略的选择上，也会优先选择留在农业（纯农户）。这主要是因为农户物质资产是指用以维持其生计的基本生产资料和基础设施，它是农业生产不可或缺的前提条件，这些条件的好坏必然会对农户生计策略的选择决策产生重要影响。一般来说，农户拥有的农业生产工具越多越先进，从事农业生产的基础设施越便利，农户选择农业生产的积极性也越高。

4.2.2.4　金融资产的影响

从表 4.1 可以看出，无论是兼业模型还是非农模型，金融资产对农户生计策略的选择都有显著的正向影响（都在 1% 的显著水平下显著，且符号为正）。这说明在以留在农业（纯农户）为参照的估计中，金融资产越多的农户在留在农业（纯农户）与兼业两种生计策略的选择上，将会优先选择兼业，而在留在农业与脱离农业（非农户）两种生计策略的选择上，也会优先选择脱离农业（非农户）。这表明金融资产是影响农户选择兼业和非农生计策略的重要因素。金融资产主要是指农户可支配的资金储备以及可筹措到的各种形式的借款。对于西部山区农户而言，如果拥有更多的金融资产，则他会把更多的资本和劳动投入到非农产业，以实现非农收入的最大化。

社会资产对生计策略的选择没有显著影响，这可能与西部山区社会资产发育不够有关。

4.3　结论与讨论

本章首先对农户生计资产对生计策略的作用机理进行了理论分析；其次利用多元 Logit 模型对研究区农户生计资产对其生计策略的影响进行实证分析，结果发现不同生计资产对农户生计策略选择具有不同的影响。具体结论如下：

（1）自然资产和物质资产对农户生计策略的选择具有显著的负向影响。即自然资产和物质资产越多的农户，越倾向于选择从事农业生产的生计策略。

（2）人力资产和金融资产对农户生计策略的选择具有显著的正向影响。即人力资产和金融资产越多的农户，越倾向于选择从事非农生产的生计策略。

（3）社会资产对农户生计策略的选择没有显著影响。

自然资产和物质资产是农业生产不可或缺的前提条件，这些条件的好坏必然会对农户选择从事农业生产的生计策略决策产生重要影响。而人力资产和金融资产也是决定农户务农机会成本大小的主要因素，这些资产的多少必然会影响农户基于收入最大化和风险最小化的生计策略决策。社会资产在农户生产和生活困难的时候提供了外部支持和帮助。理论上，拥有不同的社会资产对农户生计资产的配置有积极的影响。但在本书的实证分析中，社会资产对农户生计策略的选择没有显著影响。这可能与西部山区社会资产发育不够有关。从上一章对所有农户 5 种生计资产的量化分析中也可以看出，农户社会资产得分最低，只有 0.093 分，还不到生计资产平均数的 1/10。

5 农户生计资产对土地利用方式的作用

改革开放以来，随着我国城镇化和工业化的快速发展，我国农村居民的生计途径发生了显著变化，农民的生计方式由以传统农业为主向兼业、非农业转变，而且随着农村劳动力务农机会成本的上升和农地地租的下降，土地利用呈现边际化的倾向。这些都相应地引起了土地利用方式的变化。影响土地利用方式的因素很多，包括灌溉条件、地块距家的距离、坡度及地块大小等。很多研究也从土地利用方式的转变来反映农村的土地利用变化。如伴随着非农化水平的提高，农户在土地利用方式上倾向于选择效益高、耗时少的种植方式。这些研究引起了政府和公众对粮食安全的担心，政府也采取了很多措施激励农民种粮。然而，这些研究并没有揭示生计资产和土地利用方式的关系，不能全面地反映农村的土地利用情况。

事实上，农户土地利用方式变化很大程度上是由农民所拥有的生计资产状况和性质决定的，农户会根据自己的生计资产状况调整土地种植结构和确定土地利用的方向。因此，有必要研究农户生计资产对土地利用方式的影响，揭示农户生计资产与土地利用方式的关系，为转型期农村合理利用土地资源，调整土地利用结构和确定土地利用方向提供依据，使政府的农业政策和粮食政策有的放矢。因此，本章将从农户生计资产对土地利用方式的作用机理出发，基于研究区的实地调查数据和前面对不同生计策略农户生计资产的评价结果，分析研究区不同生计策略农户的土地利用现状，并运用计量经济模型重点探讨不同生计策略农户生计资产对土地利用方式（种植结构）的影响，并据此得出相应的结论和政策含义。

5.1 农户生计资产对土地利用方式的作用机理

农户的生计资产作为可持续生计分析框架的核心，其性质和结构不仅是决定农户生计策略的基础，更是决定农户土地利用决策的主要因素。在市场经济条件下，作为一个理性的农户，如何配置生计资产等家庭资源，获得家庭收益最大化是其追求目标。将有限的生计资产在各种经济活动之间进行合理配置的过程就是农户生产决策的过程。农户拥有的生计资产性质和状况决定了他们对市场的理解、认同及反应，进而以家庭为决策单位，决定土地种植作物的品种组合和规模，而这种土地用途和规模安排的差异，导致了土地种植收益的变化和种植结构的调整。因此，农户调整土地利用方式的决策过程受农户拥有的生计资产的性质和状况的影响，其作用机理如图 5.1 所示。

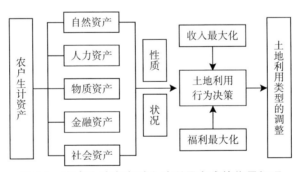

图 5.1 农户生计资产对土地利用方式的作用机理

5.1.1 农户自然资产对土地利用方式的影响

自然资产是人们用来维持生计的土地、水和生物资源，目前，我国农户最重要的自然资产是土地，农户所拥有土地资源的数量、类型、分布以及土地生产潜力等状况都会对农户土地利用方式产生重要影响。农户对不同自然条件约束下的土地资源的利用，往往采取不同的土地利用行为与方式。同时，不同自然特性的土地资源开发利用的难易程度差异很大，从而影响了土地利用的成本和收益对比，而土地利用的成本与收益对比却是影响农户土地利用行为最为重要的因素之一。另外，农户经营土地的规模、农地细碎化和土地产权性质都会对农户土地利用类型产生影响。例如，农地细碎化有利于农户种植结构的多样化，从而有利于农户规避市场风险。不同的土地产权制度对农户土地利用的激励程度不同，产权的清晰界定和自由交易能够有效促进土地流转，土地的自由流转能够促使土地从边际产出较小的农户向边际产出较高的农户集中，从而提高土地资源的配置效率。

5.1.2 农户人力资产对土地利用方式的影响

人力资产指个人拥有的用于谋生的知识、技能、劳动能力和健康状况等。农户人力资产对土地利用方式的影响主要体现在劳动力的数量和素质的影响两方面。农户劳动力的数量状况包括农户家庭的人口数量及年龄结构状况，农户劳动力的素质状况包括家庭劳动力的文化程度、劳动技能、市场经营能力等。

劳动力是农业生产中的基本要素之一。农户的土地种植行为决策与劳动力的数量有密切关系，家庭劳动力数量越多，人均拥有的生产资本越少，在生产条件一定的情况下，人均产出越低；反之，则越高。现代农业生产决策与传统农业生产决策有很大不同。传统农业生产模式下，农业生产资金短缺，而劳动力却相对较多。因此劳动力使用的机会成本较小，理性的农户会用劳动力替代资本，形成在此约束下的最大产出。随着我国市场经济的不断发展，非农产业对农村劳动力的吸引力不断增强，导致务农的机会成本逐渐提高。务农机会成本的提高对农业劳动力有很大的挤出效应，使得越来越多的农村劳动力从农业生产中释放出来从事非农业生产，从而最终导致土地耕种面积的不断缩减和土地撂荒现象的出现。

农户劳动力的素质状况也是影响农户土地利用方式的重要因素。农户基于收入最大化目标所进行的家庭劳动分工决策，会使得农户家庭中身体素质较好、受教育程度较高和有技能的优质劳动力选择外出或从事非农经营活动，而素质相对较差的劳动力倾向于选择农业生产。从事非农生产活动的劳动力，由于其完全脱离或较少从事种植业生产，因此缺乏调整种植结构的动力或计划。而从事农业生产的劳动者调整种植结构的动力主要来源于对后期收入增长的稳定预期，其会基于自身的禀赋特征（如年龄、受教育程度与农技培训等）而选择种植结构的调整。当然，随着外出劳动力对家庭总收入增长的贡献逐渐增大，部分家庭农业劳动者也会选择向种植业以外的产业调整。

5.1.3　农户物质资产对土地利用方式的影响

农户物质资产是指用以维持其生计的基本生产资料和基础设施，其意义在于提高农户的生产能力。物质资产对土地利用方式的影响主要体现在农业生产工具和生产基础设施两方面。生产工具的数量和质量决定了农户从事农业生产的手段，生产手段又会影响农户劳动生产率的水平，从而影响土地利用的成本和收益对比，而土地利用的成本与收益对比却是影响农户土地利用类型决策的最为重要的因素之一。生产基础设施包括道路和灌溉等基础设施的便利程度，它是农业生产不可或缺的前提条件，这些条件的好坏必然会对土地利用方式和种植结构选择决策产生重要影响。一般来说，农户拥有的农业生产工具越多越先进，从事农业生产的基础设施越便利，农户选择农业生产的积极性也越高，从而使得土地的耕种规模和种植结构更为合理，土地撂荒的现象也会减少。

5.1.4　农户金融资产对土地利用方式的影响

金融资产主要指农户可支配的资金储备以及可筹措到的各种形式的借款。金融资产的多少和可获得性体现了农户在创造收入、动员和运用资源方面的能力。金融资产主要影响农户的投资与发展，从而影响农户生产的要素投入比例，并最终对农户土地利用方式和种植结构产生重要的影响。

不同生计策略农户金融资产对土地利用方式和种植结构的影响也不一样。对于主要从事农业生产的纯农户来说，拥有更多的金融资产，则意味着其可支配的现金和可筹措到的各种形式的借款越多，从而使其有能力加大对农业的投资。例如，购买更多的农业机械化设备、采用更先进的农业技术和流转更多的土地扩大耕种规模和改变种植结构。但对于主要从事非农生产的农户而言，由于其收入的大部分来自非农产业，如果拥有更多的金融资产，则其会把更多的资本和劳动投入到非农产业，以实现非农收入的最大化，这就会导致投入到农业生产中的资本和劳动的减少，从而最终影响到农户的土地利用方式和种植结构。

5.1.5 农户社会资产对土地利用方式的影响

社会资产是指农户为实现不同的生计策略所需的社会资源，社会资产在农户生产和生活困难的时候提供了外部支持和帮助。拥有不同的社会资产对农户生计资产的配置有积极的影响，从而最终对农户的土地利用行为和方式产生重要影响。

对于主要从事农业生产的农户来说，生产资料的购置、农副产品的销售、技术和信息的获取，单靠一个农户的力量，很难把这些事情做好。社会网络具有经济合作的功能，它能为从事农业生产的农户提供技术互助，加强生产经营上的信息交流，集中资金开展较大规模的农业经济活动。因此，农户拥有的社会资产越多，越有利于其土地利用规模和结构的调整优化。但对于主要从事非农生产的农户而言，其拥有的社会资产越多，可能越有利于其非农职业信息的获取，这会使得农户把更多的资源用于非农生产，结果是投入到土地上的资源反而减少了，不利于农户土地利用规模和结构的优化调整。

5.2 不同生计策略农户土地利用方式比较

5.2.1 不同生计策略农户土地利用方式的差异

土地利用方式的划分由于分类标准不一样，划分的结果也不一样。考虑到研究区的具体情况，本书的土地主要是指研究区农户拥有的农地，包括耕地和林地，且以农地的作物种植结构作为划分土地利用类型的标准，根据这个标准，我们把当地农户的土地利用分为四种类型，即粮食种植、粮食与经济作物混合种植、经济作物种植和土地转出或抛荒。

表 5.1 列出了不同生计策略农户的土地利用方式的情况，从表中可以看出所有的纯农户没有土地转出和抛荒，在土地种植结构的安排上，大部分纯农户都是选择传统的粮食作物种植，选粮食作物种植的纯农户占比达到 60%；另外也有一些纯农户选择粮食与经济作物混合种植和经济作物种植，选择这两种种植结构的纯农户占比分别为 21.82% 和 18.18%。纯农户中出现这种土地种植结构现象是因为有相当多的纯农户是由老年夫妇构成的家庭，

表 5.1 不同生计策略农户土地利用方式的差异分析

单位：户，%

土地利用类型	总体		纯农户		兼业户		非农户	
	频率	比例	频率	比例	频率	比例	频率	比例
粮食种植	217	35.00	33	60.00	142	44.65	42	17.00
粮食与经济作物混合种植	116	18.71	12	21.82	60	18.87	44	17.81
经济作物种植	24	3.87	10	18.18	12	3.77	2	0.81
土地转出或抛荒	263	42.42	0	0.00	104	32.70	159	64.37
合计	620	100.00	55	100.00	318	100.00	247	100.00

这部分农户由于其文化水平不高且又缺乏市场信息，所以只能选择传统的粮食作物种植。只有文化水平较高且对市场比较敏感的纯农户才会选择经济作物种植。另外，由于纯农户没有非农就业，有充足的时间用在土地耕种上，所以没有出现土地转出和抛荒的现象。

对兼业户来说，大部分兼业户选择传统粮食作物种植和土地转出或抛荒两种土地利用方式，选择两种土地利用方式的兼业户比例分别达到44.65%和32.70%。而选择粮食和经济作物混合种植以及经济作物种植的比例只有18.87%和3.77%。出现这种土地利用现象主要是因为兼业户受到时间约束和较强经济意识的影响，且其耕种土地的目的主要是满足自己家庭的口粮需要，不完全是增加家庭收入。所以一部分兼业户会抽出一部分时间从事传统粮食作物种植，以满足家庭口粮的需要，还有一部分兼业户由于其非农兼业收入较高，因此导致务农的机会成本较高，所以在土地利用决策时会选择转出土地或抛荒的策略。

对非农户来说，由于其把大部分时间都用到非农就业上，且主要收入是来自非农就业，因此其耕种土地的机会成本很高，所以大部分非农户选择的土地利用类型是土地转出或抛荒，选择土地转出或抛荒的非农户占比达到了64.37%。

总之，从土地的种植结构看，纯农户的选择具有多样性，虽然大部分农户选择传统粮食作物种植，但也有不少农户选择粮食和经济作物混合种植，并没有农户把土地转出或抛荒；而兼业户和非农户的选择比较单一，由于受时间约束和较强经济意识的影响，他们更多地选择土地转出或抛荒，如图5.2所示。

5.2.2 不同生计策略农户土地利用方式和生计资产的差异对比

选择不同土地作物种植结构的不同生计策略农户其拥有的生计资产性质和结构也不同。表5.2列出了不同生计策略农户土地种植结构和生计资产的状况。从表中可以看出，不同生计策略农户由于其拥有的生计资产的性质和结构的不同，其选择的作物种植结构也不一样。对于纯农户而言，选择粮食

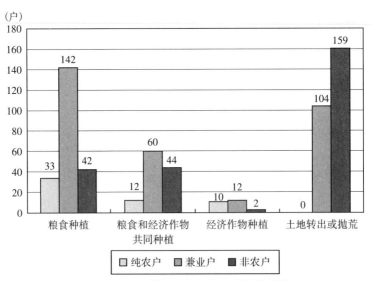

图 5.2　不同生计策略农户土地利用类型比较

种植或粮食和经济作物混合种植的纯农户其拥有的自然资产和物质资产相对较多；选择经济作物种植的纯农户拥有的物质资产、人力资产和社会资产相对较多。对于兼业户来说，选择粮食种植或粮食和经济作物混合种植的兼业户拥有的自然资产、物质资产也相对较多；选择经济作物种植的兼业户拥有的自然资产相对较少而人力资产相对较多；选择土地转出或抛荒的兼业户其拥有的自然资产和社会资产都相对较少。从非农户看，选择粮食种植的非农户其拥有的自然资产和社会资产相对较少；选择粮食和经济作物混合种植的非农户拥有的自然资产、物质资产和社会资产都相对较多；选择经济作物种植的农户拥有的人力资产、物质资产、金融资产和社会资产相对较多但自然资产较少；选择土地转出或抛荒的非农户其拥有的自然资产、人力资产和社会资产相对较少。

　　总之，不同生计策略农户由于其拥有的生计资产性质和结构的不同，其选择的土地作物种植结构也不同。不同生计策略农户会根据其拥有的生计资产的性质和结构，以利润最大和风险最小为目标，以家庭为决策单位进行土地利用的决策，从而决定了土地的种植结构。

表 5.2 不同生计策略农户土地利用方式和生计资产的差异对比（平均数）

土地利用类型	变量	纯农户	兼业户	非农户
		Mean	Mean	Mean
粮食种植	Nature	0.223	0.142	0.084
	Manpower	0.188	0.275	0.293
	Goods	0.381	0.352	0.317
	Financial	0.119	0.147	0.201
	Society	0.048	0.086	0.087
	N	33	142	42
粮食和经济作物共同种植	Nature	0.210	0.130	0.116
	Manpower	0.208	0.279	0.326
	Goods	0.376	0.315	0.425
	Financial	0.130	0.129	0.158
	Society	0.082	0.161	0.174
	N	12	60	44
经济作物种植	Nature	0.087	0.074	0.029
	Manpower	0.273	0.332	0.412
	Goods	0.562	0.382	0.310
	Financial	0.184	0.176	0.191
	Society	0.204	0.068	0.057
	N	10	12	2
土地转出或抛荒	Nature		0.080	0.084
	Manpower		0.236	0.237
	Goods		0.350	0.326
	Financial		0.193	0.165
	Society		0.056	0.082
	N	0	104	159

5.3　农户生计资产对土地利用方式的影响

农户的生计资产性质和状况是影响其土地利用方式选择的主要因素之一。农户会根据其拥有的生计资产的性质和结构，以利润最大和风险最小为目标，以家庭为决策单位进行土地利用方式选择的决策。为进一步分析不同生计策略农户生计资产对土地利用方式的影响，本节将利用多元 Logit 模型实证分析研究区不同生计策略农户生计资产对其土地利用方式的影响。

5.3.1　模型的构建

本书根据研究区的实际情况，将农户土地利用类型分为粮食种植、粮食及经济作物共同种植、经济作物种植和土地转出或抛荒四种类型，假设农户对土地利用类型存在粮食种植、粮食和经济作物共同种植、经济作物种植及土地转出或抛荒四种选择，那么第 i 个农户选择第 j(j = 1，2，3，4) 种土地利用类型的潜变量函数表达式为：

$$\eta_{ij} = X_i \alpha_j + \varepsilon_{ij} \quad (j = 1，2，3，4) \tag{5.1}$$

式中，η_{ij} 为潜变量（假设农户会选择自己收益最大的土地利用方式，该潜变量可以定义为农户土地利用的收益），X_i 表示第 i 个农户的 $1 \times q$ 特征变量，即第 i 个农户在土地利用类型选择上的影响因素（本书中为农户生计资产），α_j 表示 j 个 $q \times 1$ 系数向量。在本书中如果农户的第 k 个选择让其认为能够获得最大的收益，则农户将会选择 k。即

$$\phi_{ijk} = \eta_{ij} - \eta_{ik} = X_i(\alpha_j - \alpha_k) + (\varepsilon_{ij} - \varepsilon_{ik}) = X_i \gamma_{j'} + \varepsilon_{ij'}$$

其中

$$j' = \begin{cases} j & j < k \\ j - 1 & j > k \end{cases} \Rightarrow j' = 1，2，3 \tag{5.2}$$

本书选取多元 Logit 模型进行模型估计，必须假定随机误差项 ε_{ij} 互相独立，并服从逻辑分布。为保证模型的可识别性，设定 $a_m = 0$。其中，m 为基础类别（本书以粮食种植为参照类别），则第 i 个农户选择第 k 个土地利用类型的概率为：

$$Pr(y_i = k) = Pr(\phi_{i1k} \leqslant 0, \cdots, \phi_{i3k} \leqslant 0) = Pr(\varepsilon_{i1} \leqslant -X_i\gamma_1, \cdots, \varepsilon_{i3} \leqslant -X_i\gamma_3)$$

$$= \frac{e^{X_i\gamma_k}}{\sum_{j'=1}^{3} e^{X_i\gamma_{j'}}} \tag{5.3}$$

5.3.2　模型估计结果

运用 Stata11 对模型进行估计，表 5.3 为以粮食种植为参照的各个模型估计结果。

表 5.3　不同生计策略农户生计资产对土地利用方式的影响模型估计结果

不同生计策略农户	变量	混合利用模型		经济作物模型		土地转出模型	
		Coef.	P > t	Coef.	P > t	Coef.	P > t
纯农户	Nature	0.859	0.830	−31.482**	0.019		
	Manpower	4.050	0.395	5.059	0.534		
	Goods	−0.026	0.995	22.594**	0.024		
	Financial	4.437	0.497	−3.218	0.790		
	Society	22.428**	0.042	12.473	0.336		
	_cons	−3.878*	0.062	−8.221*	0.054		
		N = 55		Prob > chi2 = 0.000		Pseudo R² = 0.4179	
兼业户	Nature	1.184	0.474	−8.721**	0.042	−8.576***	0.000
	Manpower	−0.967	0.469	3.158	0.206	−2.556**	0.028
	Goods	−3.317**	0.023	2.555	0.348	0.287	0.815
	Financial	−1.305	0.450	1.738	0.520	3.354***	0.006
	Society	5.286***	0.000	−3.836	0.299	−3.567**	0.032
	_cons	−0.103	0.872	−3.435***	0.009	0.852	0.119
		N = 318		Prob > chi2 = 0.000		Pseudo R² = 0.1306	

不同生计策略农户	变量	混合利用模型		经济作物模型		土地转出模型	
		Coef.	P > t	Coef.	P > t	Coef.	P > t
非农户	Nature	9.091**	0.022	−36.694	0.242	−0.854	0.784
	Manpower	1.180	0.486	6.685	0.251	−3.505**	0.013
	Goods	7.457***	0.001	1.385	0.852	1.280	0.403
	Financial	−3.485*	0.072	−1.745	0.669	−1.690	0.200
	Society	5.148**	0.015	−8.309	0.536	−0.589	0.745
	_cons	−4.072***	0.000	−3.160	0.233	2.273***	0.001
		N = 247		Prob > chi2 = 0.000		Pseudo R² = 0.1556	

5.3.2.1 纯农户模型结果分析

从表 5.3 可以看出，自然资产和物质资产对纯农户选择经济作物种植有显著影响（分别在 5% 显著水平下显著，且符号分别为负和正）。这说明在以粮食种植为参照的估计中，自然资产越多的纯农户在粮食作物与经济作物种植的选择上，将会优先选择粮食作物种植。物质资产越多的纯农户则会优先选择经济作物种植。社会资产对纯农户选择粮食和经济作物共同种植有显著影响（在 5% 显著水平下显著，且符号为正）。说明对于纯农户而言，社会资本越大，纯农户越会选择同时种植粮食作物和经济作物，而不会只选择种植粮食作物。模型中其他生计资产因素对纯农户土地利用方式选择的影响都不显著，说明对纯农户而言，影响其土地利用类型选择决策的主要生计资产因素为自然资产、物质资产和社会资产。

5.3.2.2 兼业户模型结果分析

从表 5.3 可以看出，生计资产对兼业户的不同土地利用方式决策的影响不一样。自然资产对经济作物和土地转出或抛荒两种土地利用类型有显著影响（分别在 5% 显著水平下显著，且符号都为负）。这说明在以粮食种植为参照的估计中，自然资产越多的兼业户在粮食作物与经济作物种植以及粮食作物与土地转出或抛荒的选择上，将会优先选择粮食作物种植。人力资产只对非农户的土地转出或抛荒有显著影响（在 5%显著水平下显著，且符号为负）。说明人力资产越多的非农户在粮食作物种植与土地转出或抛荒的选择上，将会优先选择粮食作物种植。物质资产对非农户的粮食和经济作物共同种植有显著的正向影响（在 1%显著水平下显著，且符号为正）。说明物质资产越多的非农户在粮食作物种植与粮食和经济作物共同种植的选择上，将会优先选择粮食和经济作物共同种植。金融资产也只对非农户的粮食和经济作物共同种植有显著影响（在 10%显著水平下显著，且符号为负）。说明金融资产越多的兼业户在粮食作物种植与粮食和经济作物共同种植的选择上，将会优先选择粮食作物种植。社会资产对粮食和经济作物共同种植以及土地转出或抛荒两种土地利用类型有显著影响（分别在 1%和 5%显著水平下显著，且符号分别为正和负）。说明社会资产越多的兼业户在粮食作物种植与粮食和经济作物共同种植的选择上，将会优先选择粮食和经济作物共同种植，而在粮食作物种植与土地转出或抛荒的选择上，将会优先选择粮食作物种植。

5.3.2.3 非农户模型结果分析

生计资产对非农户的不同土地利用方式决策的影响也不一样。从表 5.3 可以看出，自然资产对粮食和经济作物共同种植有显著影响（在 5%显著水平下显著，且符号为正）。这说明自然资产越多的非农户在粮食作物种植与粮食和经济作物共同种植的选择上，将会优先选择粮食和经济作物共同种植。人力资产只对兼业户的土地转出或抛荒有显著影响（在 5%显著水平下显著，且符号为负）。说明人力资产越多的兼业户在粮食作物种植与土地转出或抛荒的选择上，将会优先选择粮食作物种植。物质资产对兼业户的粮食和经济作物共同种植有显著的负向影响（在 5%显著水平下显著，且符号为负）。说明物质资产越多的兼业户在粮食作物种植与粮食和经济作物共同种植的选择上，将会优先选择粮食作物种植。金融资产只对兼业户的土地转出或抛荒有显著影响（在 1%显著水平下显著，且符号为正）。说明金融资产越多的兼业户在粮食作物种植与土地转出或抛荒的选择上，将会优先选择土地转出或抛荒。社会资产对粮食和经济作物共同种植有显著影响（在

5%显著水平下显著，且符号为正）。说明社会资产越多的非农户在粮食作物种植与粮食和经济作物共同种植的选择上，将会优先选择粮食和经济作物共同种植。

5.4　结论与讨论

本章首先从理论上对农户生计资产对土地利用方式（种植结构）的作用机理进行了分析，其次分析了研究区不同生计策略农户的土地利用现状，最后运用多元 Logit 模型对研究区不同生计策略农户生计资产对其土地利用方式的影响进行实证分析。研究得出如下结论：

（1）从农户土地的种植结构看，纯农户的选择具有多样性，虽然大部分农户选择传统粮食作物种植，但也有不少农户选择粮食和经济作物混合种植，并没有农户把土地转出或抛荒；而兼业户和非农户的选择比较单一，由于受时间约束和较强经济意识的影响，他们更多地选择土地转出或抛荒。

（2）不同生计策略农户由于其拥有的生计资产性质和结构的不同，其选择的土地作物种植结构也不同。拥有较多自然资产和物质资产的农户倾向于选择传统粮食作物种植或粮食和经济作物混合种植；而拥有较多人力资产、金融资产和社会资产的农户倾向于选择经济作物种植或土地转出或抛荒。

（3）生计资产对不同生计策略农户土地利用方式的影响不同。自然资产、物质资产和社会资产对所有农户土地利用方式的选择都有影响。而人力资产和金融资产只对兼业户和非农户的土地利用方式选择有显著影响，对纯农户的土地利用方式选择的影响却不显著。这也说明农户拥有土地资源的数量和质量、生产工具的数量和质量、生产基础设施的便利程度以及社会资源的数量是影响农户土地利用方式决策的主要因素。

（4）生计资产对农户不同的土地利用方式选择的影响也不同。在粮食作物种植与粮食和经济作物共同种植的选择上，影响纯农户选择的生计资产因素为社会资产；影响兼业户选择的生计资产因素为物质资产和社会资产；影响非农户选择的生计资产因素是自然资产、物质资产、金融资产和社会资产。在粮食作物种植和经济作物种植的选择上，影响纯农户选择的生计资产因素为自然资产和物质资产；影响兼业户选择的生计资产因素只有自然资产；生计资产对非农户选择的影响都不显著。在粮食作物种植与土地转出或抛荒的选择上，由于纯农户没有土地转出或抛荒，因此生计资产不对这种土地利用方式选择产生影响；影响兼业户选择的生计资产因素是自然资产、物质资产、金融资产和社会资产；影响非农户选择的生计资产因素却只有物质资产。

出现以上结果可能的原因是不同生计策略农户由于其生计资产的性质和状况以及土地利用的目的不同导致其土地利用决策的差别。

6 农户生计资产对土地利用集约度的作用

近年来，随着我国人口的快速增长和社会经济的持续发展，土地资源受到的各方面压力持续增大。在国内土地政策和管理方面存在着粮食安全、城镇化建设和生态保护三大土地需求的尖锐冲突，要统筹协调这些冲突最重要的是集约和节约利用土地（李秀彬等，2008）。因此土地资源供不应求以及土地集约和节约利用，是今后很长一段时期内土地资源变化的基本态势。土地的集约利用以一定区域土地资源优化配置为前提，经营者通过增加单位土地面积上的资本和劳动等生产要素的投入来提高产品产量或经营收益，以最大限度提高土地利用的综合效益，挖掘土地利用潜力，节约宝贵的土地资源。

土地利用变化关系到粮食安全和社会经济的可持续发展。土地利用变化包括用途转移（或地类变更）与集约度变化两种类型（伊利、莫尔豪斯，2000）。然而，长期以来国内外的土地利用变化研究侧重用途转换而忽视了集约度变化（李秀彬，2008）。近年来，人们逐渐认识到农地利用集约程度的变化可能比耕地面积缩小对我国粮食安全的威胁更大（李秀彬，2002），呼吁加强对农地内部利用方式与利用程度变化规律的研究（张凤荣等，2002；谭术魁等，2003）。学术界目前在土地利用集约度的测度、集约度的变化以及驱动因素等方面进行了卓有成效的研究。李秀彬等（2008）综述了土地利用集约度的测度方法，提出土地集约或粗放利用的本质是资源替代。陈瑜琦等（2009）则从劳动集约度和资本集约度两个方面对比分析国家和区域尺度上的耕地利用集约度的结构特征。谢花林等（2012）基于能值对鄱阳湖生态经济区耕地利用集约度的时空差异进行了分析。朱会义等（2007）从国家和区域 2 个尺度分析了我国现阶段耕地利用集约度的变化，认为农户利益最大化的个体追求对耕地利用变化的作用超过了国家对粮食安全的追求。邹金浪等（2013）从水稻种植各方面入手对比分析了江西省和江苏省粮食主产区耕地集约利用的差异。

学者不但关注土地利用集约度变化的规律，而且也尝试从不同尺度解释集约度变化的原因。从宏观尺度看，现有研究强调了经济发展水平、政府农业政策及资本要素投入强度等对土地利用集约度的重要影响（赵京等，2010）。在微观尺度，研究了农户基本特征、家庭耕地规模及农业生产环境等对土地利用集约度的影响（孔祥斌等，2010；吴郁玲等，2012）。但目前的研究仍有不足，对东中部地区的相关研究较多，对西部地区尤其是山区的相关研究比较少；相关研究虽然对土地利用集约度的影响因素进行了分析，但影响因素在不同尺度上差异明显，且缺乏系统性。土地利用集约度的高低是农业生产者土地利用投资决策的结果。农户作为土地利用的微观主体，其生计资产的性质和结构不仅是决定农户生计策略的基础，更是决定农户土地利用投资决策和集约度高低的主要因素。因此，有必要研究农户生计资产对土地利用集约度的作用，揭示农户生计资产与土地利用集约度的关系，为转型期农村合理利用土地资源，调整土地利用结构和确定土地利用方向提供依据。基于此，本章将从农户生计资产对土地利用集约度的作用机理出发，基于研究区的实地调查数据和前面对不同生计策略农户生计资产的评价结果，测度并分析研究区不同生计策略农户土地利用集约度的现状，然后运用 OLS 回归方法以及 Koenker 和 Bassett（1978）提出的分位数回归方法重点探讨不同生计策略农户生计资产对土地利用集约度的影响，并据此得出相应的结论和政策含义。

6.1 农户生计资产对土地利用集约度的作用机理

农业生产是人类利用自然条件,投入物质要素(种子、肥料、水等)和非物质要素(生产管理技术、机械动力及劳动力等)进行物质再创造的过程,要素不同的投入量和投入组合会导致不同的农田产出水平。农业生产者作为行为主体,改变着土地投入和产出水平及类别(Ellis,2006)。土地利用集约度是农业生产者(主要为农户)在自然条件、经济发展、政治制度、社会人文等环境的约束下,结合自身资源条件(如劳动力资源、耕地资源等),经分析判断后对土地利用效果的评价。农户作为土地利用的微观主体,收入最大化和风险最小化是其追求的目标,将有限的生计资产在各种经济活动之间进行合理配置的过程是农户生产决策的过程。不同农户由于其生计资产性质和结构的差异,土地利用方式和行为选择也会有很大的差异。因此农户的生计资产性质和结构影响着农户土地利用行为决策的变化,而农户土地利用行为决策的变化又影响着土地投入行为的变化并最终影响土地利用集约度的变化。农户生计资产对土地利用集约度的作用机理如图 6.1 所示。

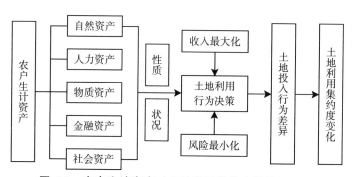

图 6.1 农户生计资产对土地利用集约度的作用机理

6.1.1　农户自然资产对土地利用集约度的影响

我国农户最重要的自然资产是土地，农户所拥有土地资源的数量、类型、分布以及土地生产潜力等状况都会对农户土地利用集约度产生重要影响。农户对不同自然条件约束下的土地资源的利用，往往采取不同的土地利用行为与方式。首先，土地资产通过种植结构间接影响土地利用集约度（梁书民，2006）。不同作物适宜生长的土地自然环境不同，其所需的生产要素种类及数量亦不同，例如水稻生长需要较多的水资源、而种植蔬菜需要更多的劳动力等，这会导致土地利用投入的差异并进一步导致土地利用集约度的差异。其次，土地资产通过其地形、土壤等质量要素直接影响土地利用集约度，如地势平坦可降低耕作难度，减少劳动力投入水平，而土壤肥沃可以减少肥料的投入数量。最后，农户经营土地的规模、农地细碎化和土地产权性质都会对农户土地利用集约度产生影响。例如，产权的清晰界定和自由交易能够有效促使土地从边际产出较低的农户向边际产出较高的农户集中，从而提高土地资源的配置效率，影响土地利用的集约度。

6.1.2　农户人力资产对土地利用集约度的影响

农户人力资产对土地利用集约度的影响主要体现在劳动力的数量和质量的影响两方面。农户劳动力的数量特征包括农户家庭的人口数量及年龄结构特征，农户劳动力的素质特征包括家庭劳动力的文化程度、劳动技能、市场经营能力等方面。

劳动力是农业生产中的基本要素之一。农户的土地利用行为决策与劳动力的数量有密切关系。一般而言，家庭劳动力的数量较多，农民可能投入更多劳动力进行耕作，从而提高耕地利用集约度，但当家庭劳动力相对过剩时，随着我国市场经济的不断发展，农户生计方式呈现多样化的趋势，非农就业与农业生产之间在劳动力的数量和质量上产生竞争，使得人们在农作物生产上投入的劳动力和肥料等不断降低，从而降低了土地利用集约度，表现出人地关系影响着土地集约利用状况。

农户劳动力的素质状况也是影响农户土地利用集约度的重要因素。例如，农户劳动力文化水平的差异会引起技术上的差异以及非农生产的差异，使得越来越多的农村劳动力从农业生产中释放出来从事非农业生产，非农收入的增加，减少了农业耕种活动的劳动力，导致农业生产力降低，并最终影响土地利用方式的选择。因此，劳动力向非农转移可能使农户抛荒或粗放利用土地，致使土地缺乏管理而退化。

6.1.3 农户物质资产对土地利用集约度的影响

农户物质资产是指用以维持其生计的基本生产资料和基础设施，其意义在于提高农户的生产能力。物质资产对土地利用集约度的影响主要体现在农业生产工具和生产基础设施两方面。生产工具的数量和质量决定了农户从事农业生产的手段，而生产手段又会通过土地投入替代性要素直接影响农户土地投入决策，从而影响土地利用集约度。例如，农户用化肥代替农家肥、机械作业代替牛耕及人力作业。生产基础设施包括道路和灌溉等基础设施的便利程度，它是农业生产不可或缺的前提条件，这些条件的好坏必然会对土地利用的投入规模和结构产生重要影响，从而进一步影响土地利用集约度。完善农田基础设施建设，如田间道路、水利设施等可以降低耕作难度，增加农业耕种活动的动力，从而提高土地利用集约度。一般来说，农户拥有的农业生产工具越多越先进，从事农业生产的基础设施越便利，农户选择农业生产的积极性越高，从而使得农户对土地投入的规模和结构更为合理，土地摺荒和粗放利用的现象也会减少。

6.1.4 农户金融资产对土地利用集约度的影响

农户金融资产的多少和可获得性体现了农户在创造收入、动员和运用资源方面的能力。金融资产主要影响农户的投资与发展，从而影响农户对土地要素投入的规模和结构，并最终对农户土地利用集约度产生重要的影响。

不同生计策略农户金融资产对土地利用集约度的影响也不一样。对于主要从事农业生产的纯农户来说，拥有更多的金融资产则意味着其可支配的现金和可筹措到的各种形式的借款越多，从而使其有能力加大对农业的投资。例如，购买更多的农业机械化设备、采用更先进的农业技术和投入更多的化肥。农户对土地投入的增加，最终会导致土地利用集约度的上升。但对于主要从事非农生产的农户而言，如果拥有更多的金融资产，农民会在非农领域的比较利益下选择弃农务工，即其会把更多的资本和劳动投入到非农产业，以实现非农收入的最大化，这会导致投入到农业生产中的资本和劳动力的减少，从而最终表现为土地集约利用水平的下降。

6.1.5 农户社会资产对土地利用集约度的影响

社会资产在农户生产和生活困难的时候提供了外部支持及帮助，拥有不同的社会资产对农户的土地投入决策有积极的影响，从而最终对农户的土地利用集约度产生重要影响。

不同生计策略农户其社会资产对土地利用集约度的影响也不一样。对于主要从事农业生产的农户来说，生产资料的购置、农副产品的销售、技术和信息的获取，单靠一个农户的力量，很难把这些事情做好。而社会网络具有经济合作的功能，它能为从事农业生产的农户提供技术互助，加强生产经营上的信息交流，集中资金开展较大规模的农业经济活动。因此，农户拥有的社会资产越多，越有利于其调整优化土地投入的规模和结构，从而提高其土地利用的集约化水平。但对于主要从事非农生产的农户而言，其拥有的社会资产越多，可能越有利于其非农职业信息的获取，这会使得农户把更多的资源用于非农生产，结果是投入到土地上的资源反而减少了，最终导致土地利用集约度的降低。

6.2　农户土地利用集约度的测算

6.2.1　土地利用集约度的测算方法

土地集约或粗放利用的本质是资本、劳动等经济要素与土地间的替代（或资源替代），故土地利用集约度可以定义为：单位时间单位土地面积上非土地投入的数量（李秀彬）。投入到土地上的要素类型可分为资本投入和劳动投入，因此土地利用集约度可分为土地利用资本集约度和土地利用劳动集约度两方面。土地利用资本集约度是指单位时间单位面积上的资本投入量，主要包括化肥、种子等增产性投入和机械、役畜等省工性投入；土地利用劳动集约度是指单位时间单位面积土地上的劳动投入量。综合考虑研究区的实际情况和指标的可比性，本书采用如下公式测度土地利用资本集约度和土地利用劳动集约度。

土地利用资本集约度测算公式如下：

$$Z = \frac{(\frac{\ln J}{\ln T}) - (\frac{\ln J}{\ln T})_{min}}{(\frac{\ln J}{\ln T})_{max} - (\frac{\ln J}{\ln T})_{min}} \tag{6.1}$$

式中，$\frac{\ln J}{\ln T}$ 为资本投入对数除以土地投入对数。

同理，土地利用劳动集约度计算公式如下：

$$D = \frac{(\frac{\ln L}{\ln T}) - (\frac{\ln L}{\ln T})_{min}}{(\frac{\ln L}{\ln T})_{max} - (\frac{\ln L}{\ln T})_{min}} \tag{6.2}$$

式中，$\dfrac{\ln L}{\ln T}$ 为劳动投入对数除以土地投入对数。

式中，土地资本投入通过农户调查获取该农户当年投入的化肥、种子等生产资料使用量以及当年各种生产资料的单价计算获得，单位为元。土地投入通过农户调查获取该农户当年投入的土地数量，单位为亩。劳动投入通过农户调查获取该农户当年劳动力投入数量，单位为天。

6.2.2　土地利用集约度的测算结果

表 6.1 列出了根据计算公式测算的不同生计策略农户土地利用的资本集约度和劳动集约度。

表 6.1　不同生计策略农户土地利用集约度

农户类型	N	资本集约度		劳动集约度	
		Mean	Std.Err.	Mean	Std.Err.
纯农户	55	0.488	0.002	0.471	0.002
兼业户	318	0.489	0.003	0.472	0.002
非农户	247	0.468	0.002	0.462	0.004

从资本集约度和劳动集约度的差异来看，不同生计策略农户其资本集约度都高于劳动集约度。这说明随着我国经济的快速发展和农民收入的不断提高，农户对土地的资本投入都有了较大幅度的增加。

从不同生计策略农户土地利用集约度的差异看，无论是土地利用资本集约度还是劳动集约度都是兼业户最高，纯农户次之，非农户最低。这主要是因为研究区是西部山区，有相当多的纯农户是由老年夫妇构成的家庭，这部分农户由于资本不多且年老体弱，耕种土地也主要是满足口粮的需要，因此其投入到土地上的资本和劳动都不是最多。另外，由于非农户把大部分的资本和劳动投入到了非农产业，投入到土地上的资本和劳动较少，故其土地利用的集约度最低。

6.3 农户生计资产对土地利用集约度的影响

6.3.1 模型的构建

为了进一步研究不同生计策略农户生计资产对土地利用集约度的影响，本书首先采用 OLS 回归方法对不同生计策略农户生计资产对土地利用集约度的影响模型进行估计，模型表达式如下：

$$Y = \beta_i X_i + \mu \tag{6.3}$$

式中，Y 表示土地利用集约度（包括资本集约度和劳动集约度），X_i 表示不同生计资产，β_i 表示不同生计资产系数。

但是，由于 OLS 回归方法最小化的目标函数为残差平方和（$\sum_{i=1}^{n} e_i^2$），因此容易受到极端值的影响，且 OLS 回归方法只能得到农户不同生计资产对土地利用集约度期望值的影响，无法分析农户不同生计资产对土地利用集约度分布规律的影响。基于此，我们采用 Koenker 和 Bassett（1978）提出的分位数回归方法（Quantile Regression）解决这个问题。分位数回归是把残差绝对值的加权平均（比如，$\sum_{i=1}^{n} |e_i|$）作为最小的目标函数，因而不易受极端值的影响，且分位数回归能分析农户不同生计资产对土地利用集约度分布规律的影响。因此，为考察不同分位数上农户不同生计资产对土地利用集约度的影响，建立分位数回归模型如下：

$$Quant_\theta(Y_i | X_i) = \partial_\theta X_i \tag{6.4}$$

式中，$Quant_\theta(Y_i | X_i)$ 表示 Y_i 在给定 X_i 的情况下与分位点 $\theta(0 < \theta < 1)$ 对应的条件分位数；X_i 表示不同生计资产；∂_θ 为 θ 分位数回归系数向量，其估计量 $\hat{\partial}_\theta$ 可以由以下最小化问题来定义：

$$\min_{\partial_\theta} \sum_{i:\,Y_i \geq X_i\partial_\theta}^{n} \theta \left| Y_i - X_i\partial_\theta \right| + \sum_{i:\,Y_i < X_i\partial_\theta}^{n} (1-\theta) \left| Y_i - X_i\partial_\theta \right| \tag{6.5}$$

最后，采用 Bootstrap 密集算法技术可以对 ∂_θ 进行估计，即通过不断地进行有效回抽样而获得样本的置信区间，从而对系数加以推断。

6.3.2　模型估计结果

6.3.2.1　OLS 回归结果

运用 Stata12 对模型进行估计，估计结果如表 6.2 所示。

表 6.2　农户生计资产对土地利用集约度影响的 OLS 回归结果

不同生计策略	变量	资本集约度模型		劳动集约度模型	
		Coef.	P > t	Coef.	P > t
纯农户	Nature	−0.065***	0.000	−0.052***	0.000
	Manpower	−0.004	0.711	−0.004	0.625
	Goods	−0.022**	0.013	−0.019***	0.002
	Financial	0.086***	0.000	0.059***	0.000
	Society	0.133***	0.000	0.080***	0.000
	_cons	0.488***	0.000	0.475***	0.000
	N	55		55	
	Prob > F	0.000***		0.000***	
	R−squared	0.8582		0.8487	
兼业户	Nature	−0.056**	0.041	−0.035	0.156
	Manpower	0.035	0.101	0.045**	0.023
	Goods	−0.014	0.556	−0.017	0.433
	Financial	0.040*	0.099	0.026	0.234
	Society	0.017	0.500	0.012	0.591
	_cons	0.483***	0.000	0.465***	0.000
	N	318		318	
	Prob > F	0.040**		0.057*	
	R−squared	0.0364		0.0336	

续表

不同生计策略	变量	资本集约度模型		劳动集约度模型	
		Coef.	P > t	Coef.	P > t
非农户	Nature	−0.095***	0.006	−0.116*	0.089
	Manpower	−0.028*	0.085	0.018	0.582
	Goods	−0.020	0.286	−0.053	0.153
	Financial	0.014	0.419	0.002	0.950
	Society	0.037*	0.060	0.053	0.186
	_cons	0.484***	0.000	0.480***	0.000
	N	247		247	
	Prob > F	0.009***		0.1757	
	R−squared	0.0618		0.0311	

由表 6.2 可以看出，不同生计策略农户生计资产对土地利用集约度的影响也是不同的。从自然资产的影响看，自然资产对纯农户和非农户的土地利用资本集约度和劳动集约度都有显著的负向影响，对兼业户的土地利用资本集约度也有显著的负向影响，即在其他条件不变的情况下，农户的自然资产越多，其土地利用的集约度反而越低。这可能是因为研究区为西部山区，土地的经营大部分没有形成规模化，相当一部分农户耕种土地的主要目的是满足家庭成员对食物的需求，而不是用来盈利和增加家庭的总收入。因此，当自然资源较少即土地较少时，为了保障家庭成员对粮食的需求，农户可能会精耕细作，投入更多的劳动、化肥等生产要素，从而提高土地利用的集约度。当自然资源增多即耕种土地多时，农户实行粗放式经营也可以满足家庭成员对粮食的需求，从而降低了土地利用的集约度。

从人力资产的影响看，人力资产对兼业户的土地利用劳动集约度具有显著的正向影响，即在其他条件不变的情况下，兼业户拥有的人力资产越多，其土地利用的劳动集约度越高。这说明兼业户劳动力数量的增多和素质的提高将有利于提高其土地的劳动集约度。而人力资产对非农户的土地利用资本集约度却有显著的负向影响，即非农户拥有的人力资产越多，其土地利用的资本集约度越低。这可能是因为随着非农户劳动力数量的增多和素质的提高，农户反而会把更多的资本投入到非农产业，从而降低了其土地利用的资本集约度。

物质资产对纯农户的土地利用资本集约度和劳动集约度都具有显著的负向影响（显著性水平分别为5%和1%，且符号都为负）。即在其他条件不变的情况下，纯农户拥有的物质资产越多，其土地利用的资本集约度和劳动集约度将越低。这也说明对纯农户来说，农业生产工具和生产基础设施的改善，使得农户实行粗放式经营也可以满足家庭成员对粮食的需求，从而降低了农户对土地的投入，并导致土地利用集约度的降低。

金融资产对纯农户的土地利用的资本集约度和劳动集约度都具有显著的正向影响（显著性水平都为1%，且符号为正）。即在其他条件不变的情况下，纯农户拥有的金融资产越多，其土地利用的集约度将越高。金融资产对兼业户的土地利用资本集约度也有显著的正向影响。这说明对纯农户和兼业户来说，资本的缺乏是影响其土地利用决策的主要因素之一，在当前我国处于市场经济条件下，农户的生产目标是会发生改变的。部分农户一旦拥有足够资本，农户耕种土地除了满足口粮需要外，还会将部分农产品提供给市场，此时农民的生产目标不再是自给自足，而是利润最大化。于是，农户拥有的金融资产越多，农户就越有能力流转更多的土地，提供给市场更多的农产品。此时，加大农地投入并提高产量将有利可图，土地利用集约度也会随之提高。这也说明加大对农村种田能手的金融支持，将有利于土地的集约利用。

社会资产对纯农户的土地利用资本集约度和劳动集约度都具有显著的正向影响（显著性水平为1%，且符号为正）。即在其他条件不变的情况下，纯农户拥有的社会资产越多，其土地利用的集约度越高。这主要是因为对于主要从事农业生产的纯农户来说，社会网络具有经济合作的功能。它能为农户提供技术互助，加强生产经营上的信息交流，集中资金开展较大规模的农业经济活动。因此，农户拥有的社会资产越多，就越有利于其调整优化土地投入的规模和结构，从而提高土地利用的集约度。

总之，不同生计策略的农户其生计资产对土地利用集约度的影响存在较大差异，对纯农户而言，影响其土地利用集约度的主要生计资产因素是自然资产、物质资产、金融资产和社会资产；对兼业户而言，影响其土地利用集约度的主要生计资产因素是自然资产、人力资产和金融资产；对非农户而言，影响其土地利用集约度的主要生计资产因素是自然资产、人力资产和社会资产。

6.3.2.2　分位数回归结果

为进一步解释不同生计策略农户生计资产对土地利用集约度影响的完整情况，本书运用 Stata12 采用 Bootstrap 方法对不同生计资产对土地利用集约度的影响模型进行分位数回归估计，图 6.2 至图 6.11 列出了不同生计策略农户生计资产对土地利用集约度影响程度变化规律情况。从图 6.2 至图 6.11 可以看出，各种生计资产对不同生计策略农户的土地利用集约度影响程度变化具有明显差异，具体表现如下：

（1）自然资产的影响。自然资产对纯农户土地利用资本集约度和劳动集约度都有显著的负向影响，而且从图 6.2 和图 6.3 中还可以清晰地看出，随着纯农户土地利用集约度的提高，自然资产对其土地利用资本集约度的负向影响呈现出先逐渐增大然后趋于稳定的变化规律，而对其土地利用劳动集约度的负向影响则呈现出不断扩大的变化规律。这说明对纯农户而言，如果增加其土地耕种面积，对其土地利用资本集约度的影响程度不会随着土地利用资本集约度的变化而变化，但对其土地利用劳动集约度的影响程度会随着其土地利用劳动集约度的提高而不断增大。

自然资产对兼业户的土地利用资本集约度有显著的负向影响，且影响程度随着土地利用资本集约度的提高呈现出先增大再稳定而后又增大的变化规律。对其劳动集约度的负向影响虽然总体不显著，但在劳动集约度较高的分位点却有显著的负向影响，且影响程度随着土地利用集约度的提高呈现出逐渐增大的变化规律。这说明自然资产对土地利用集约度较高的兼业户的影响更大。

自然资产对非农户的土地利用资本集约度和劳动集约度都有显著的负向影响，且对土地利用资本集约度较低的非农户（小于 0.5 个分位点）几乎没有影响，但对土地利用资本集约度较高的非农户（大于 0.75 个分位点）有显著的影响，且影响程度随着资本集约度的提高呈现出先增大再减小的 U 型变化规律。而对土地利用劳动集约度的影响程度随着劳动集约度的提高呈现出先增大再稳定而后再增大的变化规律。即对土地利用劳动集约度较低和较高的非农户影响变化更大，而对中等土地利用劳动集约度农户的影响较稳定。

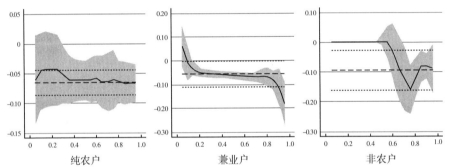

图 6.2 不同生计策略农户自然资产对土地利用资本集约度影响程度变化规律

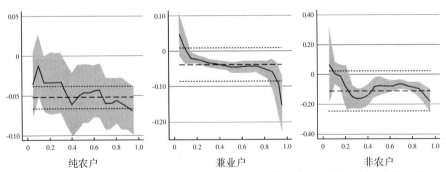

图 6.3 不同生计策略农户自然资产对土地利用劳动集约度影响程度变化规律

（2）人力资产的影响。人力资产对纯农户土地利用集约度的影响总体上不显著。但对土地利用劳动集约度较低（0.1 个分位点）和较高（大于 0.5 个分位点）的纯农户有显著影响，且影响程度随着土地利用劳动集约度的提高呈现出逐渐增大的变化规律。

人力资产对兼业户土地利用的劳动集约度有显著正向影响，且影响程度随着土地利用劳动集约度的提高呈现出先减小再稳定再增大的变化规律。

人力资产对非农户土地利用资本集约度有显著的负向影响，但对土地利用资本集约度较低的非农户（小于 0.5 个分位点）几乎没有影响，只对土地利用资本集约度较高（大于 0.6 个分位点）的非农户有显著影响，且影响程度随着土地利用资本集约度的提高呈现先增大再减小的变化规律。

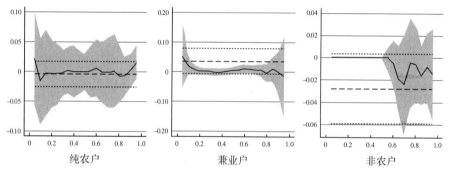

图 6.4　不同生计策略农户人力资产对土地利用资本集约度影响程度变化规律

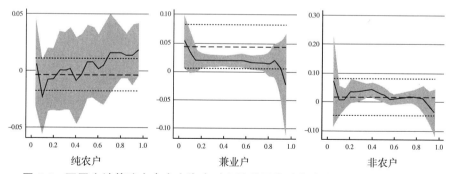

图 6.5　不同生计策略农户人力资产对土地利用劳动集约度影响程度变化规律

（3）物质资产的影响。物质资产对纯农户的土地利用资本集约度和劳动集约度都有显著影响，但对资本集约度较低（小于 0.25 个分位点）的纯农户有显著的正向影响，而对大于 0.25 分位点纯农户有负向影响，且影响程度随着土地利用资本集约度的提高呈现出先减小再增大然后趋于稳定的变化规律。物质资产对劳动集约度较低（小于 0.4 个分位点）的纯农户也有显著的正向影响，而对大于 0.4 个分位点的纯农户有显著的负向影响，且影响程度随着劳动集约度的提高呈现出先减小再增大然后趋于稳定的变化规律。

物质资产对兼业户的土地利用集约度的影响不显著。物质资产对非农户土地利用集约度的影响虽然总体上不显著，但对非农户土地利用资本集约度的影响尽管在较小的分位点上（小于 0.5 个分位点）几乎没有影响，但对大于 0.5 个分位点的非农户却有显著的负向影响，且影响程度随着资本集约度的提高呈现出先增大再减小的 U 型变化规律。

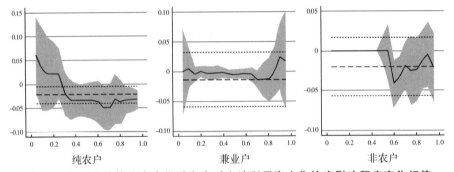

图 6.6　不同生计策略农户物质资产对土地利用资本集约度影响程度变化规律

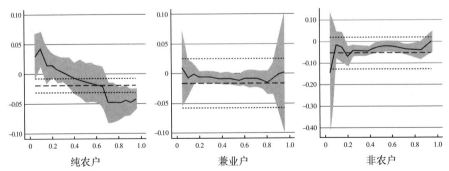

图 6.7　不同生计策略农户物质资产对土地利用劳动集约度影响程度变化规律

（4）金融资产的影响。金融资产对纯农户土地利用的资本集约度和劳动集约度都有显著的正向影响。且对资本集约度的影响程度随着土地利用资本集约度的提高呈现出先增大再不变而后又减小的倒 U 型的变化规律。而对劳动集约度的影响程度随着土地利用劳动集约度的提高则呈现出逐渐增大的变化规律。

金融资产对兼业户土地利用的资本集约度有显著的正向影响，且影响程度随着土地利用资本集约度的提高呈现出稳定不变的变化规律。

金融资产对非农户的土地利用集约度的影响总体上不显著。但对非农户土地利用资本集约度的影响尽管在较小的分位点上（小于 0.5 个分位点）几乎没有影响，但对大于 0.6 个分位点的非农户却有显著的正向影响，且影响程度随着资本集约度的提高呈现出先增大再减小的倒 U 型变化规律。

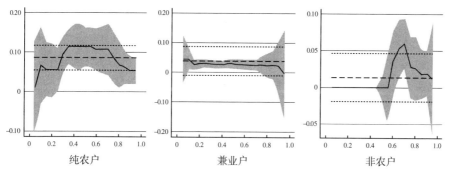

图 6.8 不同生计策略农户金融资产对土地利用资本集约度影响程度变化规律

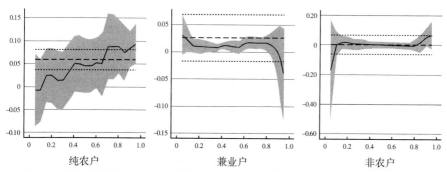

图 6.9 不同生计策略农户金融资产对土地利用劳动集约度影响程度变化规律

（5）社会资产的影响。社会资产对纯农户的土地利用资本集约度和劳动集约度都有显著的正向影响，且对土地利用集约度的影响程度随着土地利用集约度的提高呈现出先增大再不变而后又减小的倒 U 型的变化规律。社会资产对兼业户的土地利用集约度总体上没有显著影响。但社会资产对非农户资本集约度的影响尽管在较小的分位点上（小于 0.5 个分位点）几乎没有影响，但对大于 0.6 个分位点的非农户却有显著的正向影响，且影响程度随着资本集约度的提高呈现出逐渐增大的变化规律。

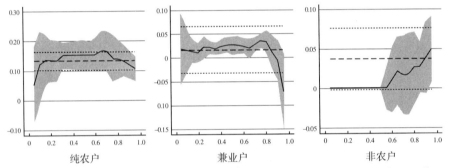

图 6.10　不同生计策略农户社会资产对土地利用资本集约度影响程度变化规律

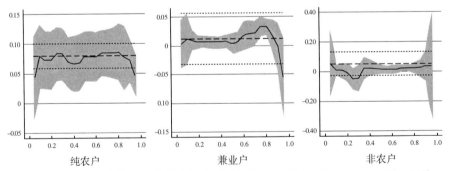

图 6.11　不同生计策略农户社会资产对土地利用劳动集约度影响程度变化规律

6.4 结论与讨论

本章首先对农户生计资产对土地利用集约度的作用机理进行了理论分析，其次对不同生计策略农户土地利用集约度进行了测度和分析，最后运用 OLS 回归方法和分位数回归方法对不同生计策略农户生计资产对土地利用集约度的作用进行了实证分析。根据以上分析可得出如下结论：

（1）不同生计策略农户土地利用集约度存在差异。不同生计策略农户其土地利用资本集约度都高于劳动集约度，无论是土地利用资本集约度还是劳动集约度都是兼业户最高，纯农户次之，非农户最低。

（2）不同生计策略农户生计资产对土地利用集约度的影响存在较大差异。对纯农户而言，影响其土地利用集约度的主要生计资产因素是自然资产、物质资产、金融资产和社会资产。且自然资产对其资本集约度的负向影响强度随着资本集约度的提高呈现出先逐渐增大然后趋于稳定的变化规律，而对其土地利用劳动集约度的负向影响强度呈现出不断扩大的变化规律；物质资产对资本集约度较低（小于 0.25 个分位点）的纯农户有显著的正向影响，而对大于 0.25 个分位点纯农户有负向影响，且影响程度随着土地利用资本集约度的提高呈现出先减小再增大然后趋于稳定的变化规律。物质资产对劳动集约度较低（小于 0.4 个分位点）的纯农户也有显著的正向影响，而对大于 0.4 个分位点的纯农户有显著的负向影响，且影响程度随着劳动集约度的提高呈现出先减小再增大然后稳定的变化规律；金融资产对资本集约度的正向影响程度随着资本集约度的提高呈现出先增大再不变而后又减小的倒 U 型的变化规律。对劳动集约度的正向影响程度随着劳动集约度的提高呈现出逐渐增大的变化规律；社会资产对土地利用集约度的正向影响程度随着土地利用集约度的提高呈现出先增大再不变而后又减小的倒 U 型的变化规律。

对兼业户而言，影响其土地利用集约度的主要生计资产因素是自然资产、人力资产和金融资产。自然资产对兼业户的土地利用资本集约度有显著的负向影响，且影响程度随着土地利用资本集约度的提高呈现出先增大再稳定而后又增大的变化规律；人力资产对兼业户土地利用的劳动集约度有显著正向影响，且影响程度随着土地利用劳动集约度的提高呈现出先减小再稳定再增大的变化规律；金融资产对兼业户土地利用的资本集约度有显著的正向影响，且影响程度随着土地利用资本集约度的提高呈现出稳定不变的变化规律。

对非农户而言，影响其土地利用集约度的主要生计资产因素是自然资产、人力资产和社会资产。自然资产对非农户的土地利用资本集约度和劳动集约度都有显著的负向影响，且对土地利用资本集约度较低的非农户（小于0.5个分位点）几乎没有影响，但对土地利用资本集约度较高的非农户（大于0.75个分位点）有显著的影响，且影响程度随着资本集约度的提高呈现出先增大再减小的U型变化规律。而对土地利用劳动集约度的影响程度随着劳动集约度的提高呈现出先增大再稳定而后再增大的变化规律；人力资产对非农户土地利用资本集约度有显著的负向影响，但对土地利用资本集约度较低的非农户（小于0.5个分位点）几乎没有影响，只对土地利用资本集约度较高（大于0.6个分位点）的非农户有显著影响，且影响程度随着土地利用资本集约度的提高呈现出先增大再减小的变化规律；社会资产对非农户资本集约度的影响尽管在较小的分位点上（小于0.5个分位点）几乎没有影响，但对大于0.6个分位点的非农户却有显著的正向影响，且影响程度随着资本集约度的提高呈现出逐渐增大的变化规律。

7 农户生计资产对土地利用
效率的作用

近年来，伴随着中国城市化和工业化的快速推进，农村大量的农用地被转变为非农建设用地，导致耕地出现了快速减少的趋势。尽管中国采取了最严格的耕地保护措施，但并未从根本上遏制耕地快速流失的趋势，今后一段时间耕地数量的减少可能还将继续（刘涛等，2008）。在人口数量不断增加而耕地数量持续减少的背景下，在加强数量保护的基础上提高土地利用效率就成为保障粮食安全最有效的途径之一。但是，中国目前的土地抛荒和粗放经营却造成了严重的资源浪费，对维护国家粮食安全极为不利。因此，如何有效利用土地便成为一个非常迫切的问题（贺振华，2006），也是理论界和政府部门共同关注的一个热点问题。

近年来，许多学者运用不同的方法、从不同的角度对土地利用效率进行了研究。研究的主要内容包括土地利用效率测度、土地利用效率的影响因素以及提高效率的对策建议等方面。例如，叶浩等（2008）运用随机前沿生产函数方法计算出各省（区、市）1990~2004年的耕地生产效率值，得出中国耕地产出效率整体水平不高的结论。龙开胜、陈利根（2008）运用柯布—道格拉斯生产函数和概率优势模型，以江苏省1990~2005年耕地和工业用地情况为例，对比分析了不同利用类型土地的投入产出效率。在研究方法上，近期有学者尝试用数据包络分析（DEA）方法对土地利用效率进行研究，该方法可以使用多项投入和多项产出指标，弥补了对土地利用效率测度只考虑投入与单项产出指标的不足（周晓林等，2009），也有学者运用DEA-Tobit两阶段分析法来研究工业用地效率问题（施秧秧，2009），还有学者运用 DEA 并结合 Tobit 模型对耕地利用效率进行研究（许恒周等，2012）。但以上所述研究层面比较宏观，分析内容主要是耕地利用综合效率、规模效率及技术效率的区域差异等，并认为影响耕地利用效率的因素主要有耕地禀赋、经济条件、自然条件、农业生产条件等。

作为农业经济活动微观行为主体的农户，其土地利用行为和方式直接决定了土地利用效率的高低。因此，从微观行为主体的农户角度探讨土地利用效率问题，可以为土地利用政策创新提供重要参考。学者也针对农户土地利用效率展开了大量研究，研究的内容包括农户土地利用效率测度及农户土地利用效率的影响因素等方面（刘涛等，2008；梁流涛等，2008；李谷成等，2008）。但在这些研究中，从农户生计视角探讨农户土地利用效率的影响因素较为少见。生计是人类谋生的方式，它建立在人们的能力、资产和活动基础之上，决定着个体与地理环境之间的作用方式（王成超等，2011）。生计资产是农户生计结构的基础，其结构与特征决定着农户生计方式的选择及在土地利用中可能采取的行动策略，并最终影响到农户土地利用效率（梁流涛等，2013）。因此，探讨农户生计资产与土地利用效率的关系，对于提高农户收入和土地利用效率具有重要的理论和现实意义。基于此，本章从农户生计资产对土地利用效率的作用机理分析出发，基于研究区的实地调查数据和前文对不同生计策略农户生计资产的评价结果，运用 DEA 模型方法测算不同生计策略农户的土地利用效率，然后运用 OLS 回归方法以及 Koenker 和 Bassett（1978）提出的分位数回归方法重点探讨不同生计策略农户生计资产对土地利用效率的影响，并据此得出相应的结论和政策含义。

7.1　农户生计资产对土地利用效率的作用机理

　　英国国际发展机构提出的可持续生计分析框架（SLA）为分析农户生计资产对土地利用效率的影响提供了新的思路。在我国农村实行家庭联产承包经营责任制的制度安排中，农户是农业经济活动的最基本主体和决策单位（李小建，2010），农户的生产经营行为是理性的（史清华，1999），随着我国改革开放的不断深入和市场化进程的加快，农户在生产中将具有更大的自主决策权，农户在土地利用决策中考虑的两个重要变量是风险既定条件下经济活动的投入和收益，不同农户由于生计资产特征和结构的差异，其土地利用方式和行为选择也会有很大的差异（欧阳进良等，2004），并最终影响土地利用效率，如图7.1所示。

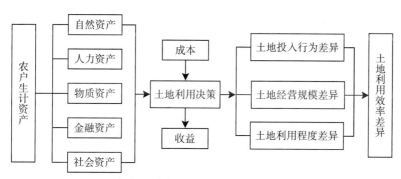

图 7.1　农户生计资产对土地利用效率的作用机理

7.1.1　农户自然资产与土地利用效率

　　自然资产是人们用来维持生计的土地、水和生物资源，随着我国家庭联产承包责任制的全面推行，土地已经成为我国农户最重要的自然资产，本书的土地是指农户实际承包的耕地和林地面积。农户经营土地的规模、农地细碎化和土地产权性质都会对农户土地利用效率产生影响。

关于农户经营规模与土地利用效率关系，主要有两种观点（钱贵霞等，2006；张光辉，1996；邵晓梅，2004）：一是农地规模与土地生产率成反比关系，也就是说农地经营规模的扩大会造成土地利用效率的下降；二是农地适度经营规模论，该观点认为农业经营规模适度扩大会提高土地利用效率。

农地细碎化对土地利用效率的影响包括两方面的效应（谭淑豪等，2008）：一是负面效应。首先，农地细碎化使得不同农户的众多地块交错在一起，为了明确地块界线，有部分土地必须要用作地块边界（田埂），这造成了土地的浪费，从而降低了土地的有效利用率；其次，农地细碎化会造成田间管理和机械作业的不便，劳动力和农业机械的工作时间因在不同地块间进行转移而导致效率的降低。二是正面效应。首先，有利于多样化种植。土地的细碎化使得农户可以种植不同的农作物，多种经营能够分散劳动强度，从而有利于劳动时间的节约、农业生产效率以及产出的提高。其次，风险分摊和风险规避。土地细碎化所引起的种植业的多种经营可以降低农业生产中的各种自然风险，比如病虫害和洪涝灾害等；同时也有利于农户规避市场价格风险。

土地产权具有激励效应，不同的土地产权制度对农户土地利用的激励程度不同，并导致土地利用效率的差异。拥有充分和稳定的产权，能够抑制农户土地利用中的机会主义行为倾向，激励农民合理高效地利用土地，提高土地利用效率；相反，土地产权不稳定，会削弱农民投资的积极性，不利于农民对土地的长期投资，从而不利于土地利用效率的提高。另外，土地产权的清晰界定和自由交易有利于土地资源配置效率的提高，土地的自由交易能够有效促进土地流转，土地的自由流转能促使土地从边际产出较小的农户向边际产出较高的农户集中，从而提高土地资源的配置效率。

7.1.2 农户人力资产与土地利用效率

人力资产对土地利用效率的影响主要体现在农村劳动力的素质和劳动时

间配置两方面。素质较高的农民具有较强的学习能力，能够掌握现代化生产工具的操作技术和及时捕捉市场信息，有利于土地利用效率的提高。素质较低的农民，接受农业新技术新成果的能力相对较差，这会造成农户的劳动技术含量低，不利于土地利用效率的提高。

在农业生产技术及其他条件不变的情况下，农户的不变要素投入和可变要素投入（劳动）组合有一个最佳的组合比例，农户在同一块土地上连续追加劳动投入，当投入的劳动量小于某一临界值时，土地的边际产量是递增的；当投入劳动量超过临界值时，土地的边际产出就由递增变为递减。但如果农业劳动力这时候从事非农兼业就会造成土地利用效率的变化。因此，适当的非农兼业可以避免边际报酬递减规律的出现，有利于土地产出率的提高（向国成等，2005）。但随着农业劳动力兼业程度的进一步提高，农户收入以非农收入为主，农户在资源配置的决策中会倾向于非农产业，对土地投入会明显减少，农业劳动投入也会随之大幅度减少，从而影响土地的产出（蔡基宏，2005），因此，随着劳动力兼业程度的增加，农户土地利用效率呈倒 U 型的变化趋势。

7.1.3 农户物质资产和土地利用效率

农户物质资产包括用以维持其生计的基本生产资料和基础设施，其意义在于提高农户的生产能力。物质资产对土地利用效率的影响主要体现在农业生产工具和生产基础设施两方面。生产工具的数量和质量决定了农户从事农业生产的手段，而生产手段又会影响农户劳动生产率的水平，它们必然也会对农业产出与土地利用效率产生一定的影响。生产基础设施包括道路和灌溉等基础设施的便利程度，它是农业生产不可或缺的前提条件，这些条件的好坏必然会对土地产出和利用效率产生重要影响。一般来说，农户拥有的农业生产工具越多越先进，从事农业生产的基础设施越便利，农户的生产效率也越高，从而土地的产出和土地的利用效率也越高。例如，提高农业机械化程度和土地的有效灌溉率，就能够通过耕作条件的改善，提高农户的耕作效率，从而间接提高耕地的利用效率。因此，农户物质资产的多少和土地利用效率的高低呈正相关的关系。

7.1.4 农户金融资产和土地利用效率

金融资产主要指农户可支配的资金储备以及可筹措到的各种形式的借款。金融资产在生计资产组合中的作用在于可以转化为其他形式的资产。金融资产的多少和可获得性体现了农户在创造收入、动员和运用资源方面的能力。金融资产的多少往往影响农户的投资与发展，从而也会对农业产出与土地利用效率产生一定的影响。

对于金融资产与土地利用效率的关系，主要有两种观点：一是金融资产与土地利用效率呈正比例关系。也就是说，农户拥有的金融资产越多，其土地利用的效率越高；反之则越低。二是金融资产和土地利用效率呈负相关的关系。即农户拥有的金融资产越多，其土地利用效率反而越低；反之则越高。不同研究者之所以得出相反的结论，主要是针对不同生计策略农户而言。对于纯农户而言，其金融资产越多，则意味着其可支配的现金和可筹措到的各种形式的借款越多，从而使其有能力加大对农业的投资。例如，购买更多的农业机械化设备、采用更先进的农业技术和流转更多的土地扩大耕种规模，即采取农业扩大化的生计策略。这必然可以提高土地的产出和利用效率。但对于非农户来说，由于其收入的大部分来自非农产业，如果其拥有更多的金融资产，则会把更多的资本和劳动投入到非农产业，以求实现非农收入的最大化，即采取非农扩大化的生计策略。结果是投入到农业生产中的资本和劳动减少了，从而导致土地利用效率的降低。因此，金融资产对土地利用效率的影响主要取决于农户的生计策略决策。

7.1.5 农户社会资产和土地利用效率

社会资产是指农户为实现不同的生计策略所需的社会资源，包括家庭、亲戚等伦理关系和通过法律、程序、规则和先例等建立起来的社会网络以及建立在团结、信任、宽容、合作、平等、诚实、公正等基础上的社会影响力和动员力（孔祥智等，2008）。社会资产在农户生产和生活困难的时候提供了外部支持及帮助，拥有异质的社会资产对农户的生计策略和资源的分配有积极的影响，从而最终对农户的土地利用行为和土地利用效率产生重要影响。

对纯农户而言，社会资产可以通过生产过程中的社会网络支持——互助与合作对土地利用行为和效率产生影响。社会网络具有经济合作的功能。在农业生产实践中，生产资料的购置、农副产品的销售、技术和信息的获取，一家一户的操作有诸多困难。社会网络能提供技术互助，加强生产经营上的信息交流，集中资金开展较大规模的农业经济活动。因此，农户拥有的社会资产越多，土地利用的效率就越高，即纯农户的社会资产和土地利用效率呈正相关的关系。但对于非农户而言，农户拥有的社会资产越多，越有利于其非农职业信息的获取，从而促使农户把更多的资源用于非农生产，结果是用于土地投入的资源减少了，导致土地的产出和土地利用效率的降低。因此，非农户的社会资产和土地利用的效率呈负相关的关系。

7.2 农户土地利用效率的测算

7.2.1 模型分析、指标定义与描述

7.2.1.1 DEA 模型

农业经济活动中的四大生产要素分别是土地、劳动、资本和技术，而不同生计策略农户在土地利用行为方面的差异主要表现在劳动、资本以及土地投入的差异。这种农户的生产行为中的要素投入差异必然会导致土地产出的差异，进而导致不同类型农户之间土地利用效率的差异。本书讨论的农户土

地利用效率存在多项投入，引入数据包络分析方法（DEA）衡量农户的土地利用效率可以克服单要素测度效率的弊端，对测度土地利用效率更为合理。因此，本书运用数据包络分析软件 DEAP 对土地利用效率进行测算，得出不同生计策略农户的土地利用综合技术效率（TE），并采用规模报酬可变模型（VRS）将其分解为纯技术效率（PTE）和规模效率（SE）。

数据包络分析（Data Envelopment Analysis，DEA）是一种典型的非参数技术效率评价方法，DEA 的基本原理是利用包络线代替了经济学中的生产函数，采用数学规划方法构建观测数据的效率前沿包络线，然后对具有相同类型投入和产出的生产单位的决策单元（Decision Making Unit，DMU）进行相对效率的比较，通过分析每个生产单位的投入产出比率，确定其有效的生产前沿面。生产单位的投入和产出是否有效则是根据每个生产单位与有效的生产前沿面之间的距离而判定，认为凡是落在前沿面上的决策单元，其投入产出组合最有效率。

运用 DEA 测度效率的思想最早源于剑桥大学经济学家 Farrell（1957），他通过设定"最佳生产前沿"来判断一个决策单元是否有效率。并且定义了投入角度的技术效率。20 年后，著名的运筹学家 Charnes、Cooper 和 Rhodes（1978）基于 Farrell 的理论提出了数据包络分析（DEA）方法，并给出了第一个 DEA 效率评价模型——CCR 模型。Banker、Charnes 和 Cooper（1984）在 CCR 模型的基础上提出了用以评价技术有效和规模有效的 BCC 模型。

DEA 效率评价方法与其他方法相比优点在于不需要已知的具体生产函数，并且可用于评价多个同类型的决策单元（DMU）的投入—产出的相对效率。此外投入和产出指标也不会受到量纲的限制，因此在实证分析中得到广泛的应用。本书把每一个农户看作一个生产决策单位，运用由 Fare（1994）改造的方法构造一个生产最佳前沿面，把每一个农户的生产同最佳实践前沿面进行比较，从而测度每个农户土地利用的相对效率。落在生产最佳前沿面上的 DMU 的效率值为 1，其他未落在边界上的 DMU，则称为无效率的 DMU，其效率值介于 0~1。

7.2.1.2 指标定义

本书的研究对象为不同生计策略农户的土地利用行为，其投入指标用土地、劳动力以及资金投入的数量表征。其中，土地投入用调查年农户家庭所拥有的耕地和林地面积来表示；劳动力投入可以用调查年农户自有和雇佣的人工来表示，包括在播种、施肥、收获以及其他农活中所花费的人工；资金投入可用调查年农户直接和间接作用于土地的支出来表示，主要包括化肥、种子、农药、农膜、水费、农业机械支出等方面。产出指标用调查年农户的农业总收入表示，如表 7.1 所示。

表 7.1 农户土地投入—产出指标定义

类型	产出指标	投入指标		
定义	调查年农户农业收入（元）	调查年农户农业土地投入（亩）	调查年农业资金投入（元）	调查年农户劳动力投入（天）

7.2.1.3 指标基本描述

表 7.2 为调查区样本农户土地投入—产出指标的基本描述。从农户土地产出指标来看，调查年样本农户农业收入的平均数为 8292.42 元，其中纯农户的农业收入（17727.36 元）>兼业户（10852.41 元）>非农户（2895.66）；从农户投入指标来看，调查年样本农户农业土地投入的平均数为 4.96 亩，其中纯农户的土地投入（8.35 亩）>兼业户（4.52 亩）>非农户（2.93 亩）；调查年样本农户农业资金投入的平均数为 4494.37，其中纯农户的资金投入（6580.46 元）>兼业户（5853.12 元）>非农户（2280.52）；调查年样本农户农业劳动力投入的平均数为 225.57 天，其中纯农户的劳动力投入（345.45 天）>兼业户（139.78 天）>非农户（72.86 天）。总之，无论是产出指标还是投入指标，基本上是纯农户>兼业户>非农户。

表 7.2　农户土地投入—产出指标基本描述

指标名称	总计	纯农户	兼业户	非农户
调查年农户农业收入（元）	8292.42	17727.36	10852.41	2895.66
调查年农户农业土地投入（亩）	4.96	8.35	4.52	2.93
调查年农业资金投入（元）	4494.37	6580.46	5853.12	2280.52
调查年农户劳动力投入（天）	225.57	345.45	139.78	72.86
亩均农业收入（元/亩）	1191.09	2121.88	1442.60	488.31
亩均资金投入（元/亩）	645.55	787.65	778.05	384.57
亩均劳动力投入（天/亩）	32.40	39.38	31.87	24.21

7.2.2　不同生计策略农户土地利用效率的差异

运用 DEAP 软件对数据进行处理，计算出不同生计策略农户的土地利用综合技术效率、纯技术效率和规模效率，如表 7.3 所示。

表 7.3　不同生计策略类型农户土地利用平均效率

农户类型	N	综合技术效率	纯技术效率	规模效率
纯农户	55	0.537	0.570	0.905
兼业户	318	0.350	0.396	0.829
非农户	247	0.110	0.774	0.246
合计	620	0.271	0.562	0.603

从总体数值看，所有样本农户的土地利用平均综合技术效率为 0.271，分解为纯技术效率和规模效率分别为 0.562 和 0.603。说明样本区域农户的耕地利用效率比较低，总体来看，实际产出只占到理论产出的 27.1%；从不同生计策略农户的数值来看，纯农户的综合技术效率最高，兼业户次之，非农户最低。从中可以看出专业从事农业生产的农户土地利用效率要高于兼业农户。即随着兼业程度的增加，农户的土地利用效率呈现降低的趋势，说明农户专业性越强，在土地利用中越能发挥出较好的比较优势。

为了反映不同生计策略农户土地利用效率差异的根源，将综合技术效率分解为表 7.3 中的纯技术效率（PTE）和规模效率（SE）。从表 7.3 中可以看出，纯农户、兼业户和非农户的纯技术效率差异较大，其中非农户的纯技术效率最高，纯农户次之，兼业户最低。这说明从微观角度看，样本区农户对农业技术性能的把握和利用能力差异较大，相比较而言，非农户在这方面反而具有明显优势，而兼业户具有明显劣势。不同生计策略农户间的规模效率也差异较大，其中纯农户最高，兼业户次之，非农户最低。纯农户和兼业户差别不是很大，均在 0.8 以上。但他们和非农户的差别却比较大，非农户的规模效率只有 0.246，远远低于纯农户和兼业户，这也是导致非农户的综合技术效率低于纯农户和兼业户的主要原因。

为了对不同生计策略农户土地利用效率值的内部结构有更深层次的了解，表 7.4、表 7.5 和表 7.6 列出了不同类型农户土地利用综合技术效率、纯技术效率和规模技术效率的分布情况。若将效率值 0.5 和 0.8 作为分界，认为效率大于 0.8 为高效率，小于 0.5 为低效率，0.5~0.8 为中等效率，则从农户的综合技术效率来看（见表 7.4），在纯农户中，只有 5.5% 的农户为高效率，有 31% 的农户处于低效率，却有 63.7% 的农户处于中等效率，即大部分农户的综合技术效率处在 0.5~0.8 中等效率区间；兼业户中只有 2.2% 处于高效率，却有 76.1% 的农户处于低效率，还有 21.7% 的农户处于中等效率；非农户中仅有 0.4% 为高效率，却有 90.3% 的农户处于低效率，而且只有 9.3% 的农户处于中等效率。总之，虽然大部分农户的土地利用综合技术效率都不高，但不同生计策略农户效率的分布差异较大，大部分纯农户的综合技术效

表 7.4 不同生计策略类型农户土地利用综合技术效率分布

单位：户，%

农户类型	N	低效率				中等效率				高效率	
		<0.3		0.3~0.5		0.5~0.7		0.7~0.8		>0.8	
		频率	比例	频率	比例	频率	比例	频率	比例	频率	比例
纯农户	55	14	25.5	3	5.5	31	56.4	4	7.3	3	5.5
兼业户	318	180	56.6	62	19.5	37	11.6	32	10.1	7	2.2
非农户	247	219	88.7	4	1.6	18	7.3	5	2.0	1	0.4

率分布在 0.5~0.8 的中等效率区间，而大部分的兼业户和非农户的综合技术效率都分布在低效率区间。

从农户的纯技术效率来看（见表 7.5），在纯农户中，只有 5.5% 的农户为高效率，有 30.9% 的农户处于低效率，却有 63.7% 的农户处于中等效率；兼业户中只有 4.7% 处于高效率，却有 72.4% 的农户处于低效率，有 23.0% 的农户处于中等效率；非农户中却有 68.0% 为高效率，只有 23.1% 的农户处于低效率，还有 8.9% 农户处于中等效率。这说明虽然非农户的综合利用效率低，但其纯技术效率却远远大于纯农户和兼业户。这可能是由于非农户耕种的土地少，且耕种的目的是满足自己的消费需要，所以更多地采用了现代农业技术和新品种。总之，对土地利用的纯技术效率而言，不同生计策略农户效率的分布差异较大，非农户主要分布在高效率区间，兼业户主要分布在低效率区间，而纯农户主要分布在中等效率区间。

表 7.5　不同生计策略类型农户的土地利用纯技术效率分布

单位：户，%

农户类型	N	低效率				中等效率				高效率	
		<0.3		0.3~0.5		0.5~0.7		0.7~0.8		>0.8	
		频率	比例	频率	比例	频率	比例	频率	比例	频率	比例
纯农户	55	13	23.6	4	7.3	21	38.2	14	25.5	3	5.5
兼业户	318	156	49.1	74	23.3	47	14.8	26	8.2	15	4.7
非农户	247	53	21.5	4	1.6	21	8.5	1	0.4	168	68.0

从农户的规模效率来看（见表 7.6），在纯农户中，有 5.5% 的农户为高效率，只有 1.8% 的农户处于低效率，但却有 92.7% 的农户处于中等效率区间；兼业户中有 8.2% 处于高效率，也只有 5.3% 的农户处于低效率，但却有 86.5% 的农户处于中等效率区间；非农户中只有 0.4% 为高效率，却有 79.7% 的农户处于低效率，还有 19.9% 的农户处于中等效率区间。这说明虽然所有农户的耕种规模都不大，这在西部山区是常见的，但相对于纯农户和兼业户来说，非农户的耕种规模太小，这是导致非农户综合利用效率较低的主要原

因，也是导致非农户只能从事非农职业的主要原因。总之，对于土地利用规模效率而言，不同生计策略农户效率的分布差异较大，非农户主要分布在低效率区间，而纯农户和兼业户主要分布在中等效率区间。

表 7.6 不同生计策略类型农户的土地利用规模效率分布

单位：户，%

农户类型	N	低效率				中等效率				高效率	
		<0.3		0.3~0.5		0.5~0.7		0.7~0.8		>0.8	
		频率	比例	频率	比例	频率	比例	频率	比例	频率	比例
纯农户	55	1	1.8	0	0.0	8	14.5	43	78.2	3	5.5
兼业户	318	2	0.6	15	4.7	57	17.9	218	68.6	26	8.2
非农户	247	169	68.4	28	11.3	11	4.5	38	15.4	1	0.4

总之，通过以上分析，可以得出以下结论：

（1）大部分农户的土地利用综合技术效率都不高，但不同生计策略农户的土地利用效率存在较大差异。从综合技术效率的排序看，纯农户的综合技术效率最高，兼业户次之，非农户最低，即随着兼业程度的增加，农户的土地利用效率呈现降低的趋势。

（2）不同生计策略农户土地利用效率的分布差异较大，从土地利用综合技术效率的分布来看，大部分纯农户的综合技术效率分布在 0.5~0.8 的中等效率区间，而大部分的兼业户和非农户的综合技术效率都分布在低效率区间；从土地利用的纯技术效率看，非农户主要分布在高效率区间，兼业户主要分布在低效率区间，而纯农户主要分布在中等效率区间；从土地利用的规模效率看，非农户主要分布在低效率区间，而纯农户和兼业户主要分布在中等效率区间。

（3）导致不同生计策略农户土地利用效率差异的主要原因是土地的规模效率差异，即随着土地经营规模的扩大，农户的土地利用效率呈现提高的趋势。非农户虽然土地利用的纯技术效率较高，但由于其耕种规模太小，土地利用的规模效率太低，从而导致其土地利用的综合技术效率也较低。

7.3 农户生计资产对土地利用效率的影响

生计资产是农户生计结构的基础，其结构与特征决定着农户生计方式的选择及其在土地利用中可能采取的行动策略，并最终影响到农户土地利用效率。为了分析不同生计策略农户生计资产对其土地利用效率的影响，本节运用线性回归模型和分位数回归模型对不同生计策略农户生计资产对其土地利用效率的影响进行分析，以探究不同生计策略农户土地利用效率的主要制约因素。

7.3.1 模型的构建

首先采用 OLS 回归方法对不同生计资产对土地利用效率的影响模型进行估计，模型表达式如下：

$$Y = \beta_i X_i + \mu \tag{7.1}$$

式中，Y 表示土地利用效率，X_i 表示不同生计资产，β_i 表示各不同生计资产系数。

然而，由于 OLS 回归方法最小化的目标函数为残差平方和（$\sum_{i=1}^{n} e_i^2$），因此它容易受到极端值的影响，而且 OLS 回归方法只能得到农户不同生计资产对土地利用效率期望值的影响，不能分析农户不同生计资产对土地利用效率分布规律的影响。基于此，我们可以利用 Koenker 和 Bassett（1978）提出的分位数回归方法（Quantile Regression）来解决这个问题。分位数回归把残差绝对值的加权平均（比如，$\sum_{i=1}^{n} |e_i|$）作为最小的目标函数，因此不易受极端值的影响，且分位数回归能分析农户不同生计资产对土地利用效率分布规律的影响。为了考察不同分位数上农户不同生计资产对土地利用效率的影

响，我们建立如下分位数回归模型：

$$\text{Quant}_{\theta}(Y_i|X_i) = \partial_{\theta}X_i \tag{7.2}$$

式中，Quant_{θ}（$Y_i|X_i$）表示 Y_i 在给定 X_i 的情况下与分位点 θ（$0 < \theta < 1$）对应的条件分位数；X_i 表示不同生计资产；∂_{θ} 为 θ 分位数回归系数向量，其估计量 $\hat{\partial}_{\theta}$ 可以由以下最小化问题来定义。

$$\min_{\partial_{\theta}} \sum_{i:Y_i \geq X_i\partial_{\theta}}^{n} \theta|Y_i - X_i\partial_{\theta}| + \sum_{i:Y_i < X_i\partial_{\theta}}^{n} (1-\theta)|Y_i - X_i\partial_{\theta}| \tag{7.3}$$

最后，采用 Bootstrap 密集算法技术可以对 ∂_{θ} 进行估计，即通过不断地进行有效回抽样而获得样本的置信区间，从而对系数加以推断。

7.3.2 农户生计资产对土地利用综合技术效率的影响

7.3.2.1 OLS 回归结果

运用 Stata12 对不同生计资产对土地利用效率的影响模型进行估计，模型估计结果如表 7.7 所示。

表 7.7 不同生计策略农户生计资产对土地利用综合技术效率影响 OLS 回归结果

变量	纯农户		兼业户		非农户	
	Coef.	P>t	Coef.	P>t	Coef.	P>t
Nature	0.117	0.725	−0.531***	0.000	−0.569***	0.003
Manpower	0.677*	0.050	0.229**	0.033	−0.133	0.142
Goods	0.561**	0.047	0.397***	0.001	−0.069	0.511
Financial	0.144	0.773	0.490***	0.000	0.108	0.253
Society	−1.898***	0.000	−0.200	0.108	−0.083	0.456
_cons	0.282**	0.036	0.154***	0.003	0.210***	0.000
Number of obs	55		318		247	
Prob > F	0.001***		0.000***		0.018**	
R-squared	0.332		0.150		0.055	

由表 7.7 可以看出，自然资产对兼业户和非农户的土地利用综合技术效率有显著的影响（1%的显著性水平下显著，且符号为负），即在其他条件不

变的情况下，兼业户和非农户的自然资产越少，其土地利用的综合技术效率将越高。这可能是因为兼业户和非农户耕种土地的主要目的是满足家庭成员对食物的需求，而不是用来盈利和增加家庭的总收入，因此，当自然资源较少即土地较少时，为了保障家庭成员对粮食的需求，这类农户可能会精耕细作，投入更多的劳动、化肥等生产要素，从而提高土地的产出和利用效率。而当自然资源增多即耕种土地多时，这类农户实行粗放式经营也可以满足家庭成员对粮食的需求，从而降低了其土地利用的效率。但自然资产对纯农户的土地利用综合效率影响不显著，说明对纯农户来说，在其他因素决定其不能进行农业规模化和专业化生产的情况下，土地多一点或少一点，不会对其土地利用综合技术效率产生很大影响。

人力资产对纯农户和兼业户的土地利用综合技术效率具有显著的影响（显著性水平分别为 10% 和 5%，且符号都为正）。即在其他条件不变的情况下，纯农户和兼业户拥有的人力资产越多，其土地利用的综合技术效率将越高。这说明提高农村劳动力的素质有利于提高土地的利用效率。

物质资产对纯农户和兼业户的土地利用综合效率具有显著的影响（显著性水平分别为 5% 和 1%，且符号都为正）。即在其他条件不变的情况下，纯农户和兼业户拥有的物质资产越多，其土地利用的综合技术效率将越高。这也说明农业生产工具和生产基础设施的改善，将有利于土地利用效率的提高。

金融资产对兼业户的土地利用综合效率具有显著的影响（显著性水平分为 1%，且符号为正）。即在其他条件不变的情况下，兼业户拥有的金融资产越多，其土地利用的综合技术效率将越高。金融资产对纯农户和非农户的土地利用效率不显著，这可能是因为调查研究区是西部山区，调查的纯农户家庭劳动力大部分是文化水平比较低年龄比较大的老人，因此即使他们拥有更多的金融资产，也不会加大对农业的投资，而兼业户家庭的劳动力都具有较高的文化水平，且见多识广，市场意识强，一旦他们拥有更多的资金，就会加大对农业的投资，流转更多的土地，从事规模化经营，从而可以提高土地的利用效率。这也说明加大对农村能人的金融支持，将有利于土地利用效率的提高。

社会资产对纯农户的土地利用综合效率具有显著的影响（显著性水平为1%，且符号为负）。即在其他条件不变的情况下，纯农户拥有的社会资产越多，其土地利用的综合技术效率将越低。这进一步说明西部山区纯农户收入低的主要原因是社会资产不足，缺少寻找非农职业的途径，所以只能困在土地上，一旦他们拥有更多的社会资产，他们就会兼业，从而降低土地利用的效率。

总之，不同生计策略的农户其生计资产对土地利用综合技术效率的影响存在较大差异，对纯农户而言，影响其土地利用综合技术效率的主要生计资产因素是人力资产、物质资产和社会资产，且人力资产和物质资产有正向影响，社会资产有负向影响；对兼业户而言，影响其土地利用综合技术效率的主要生计资产因素是自然资产、人力资产、物质资产和社会资产，且自然资产有负向影响，人力资产、物质资产和社会资产有正向影响；对非农户而言，影响其土地利用综合技术效率的主要生计资产因素只有自然资产有负向影响。

7.3.2.2 分位数回归结果

为进一步解释不同生计策略农户生计资产对土地利用综合技术效率影响的完整情况，本书运用 Stata12 采用 Bootstrap 方法对不同生计资产对土地利用效率的影响模型进行分位数回归估计，表 7.8 列出了农户土地利用综合技术效率在 0.25、0.50、0.75 个分位点模型估计结果（0.25、0.50、0.75 可分别认为是土地利用综合技术较低效率、中等效率和较高效率的农户）。同时，还运用 Stata12 列出了不同生计策略农户土地利用综合技术效率分位数回归系数的变化情况，如图 7.2 至图 7.6 所示。

从表 7-8 可以看出，各种生计资产对不同生计策略农户的土地利用综合技术效率在 0.25、0.50、0.75 个分位点上的影响具有明显差异，具体表现在如下几个方面：

表7.8 不同生计策略农户生计资产对土地利用综合技术效率影响分位数回归结果

不同生计策略农户	变量	q25		q50		q75	
		Coef.	P>t	Coef.	P>t	Coef.	P>t
纯农户	Nature	−0.082	0.945	−0.061	0.932	0.770	0.266
	Manpower	0.074	0.943	0.423	0.585	1.383**	0.032
	Goods	0.710	0.428	0.776	0.393	−0.626	0.557
	Financial	1.257	0.501	0.062	0.958	0.199	0.848
	Society	−2.609*	0.082	−3.261**	0.027	−1.656	0.200
	_cons	0.118	0.773	0.441	0.200	0.590	0.102
	Pseudo R²	0.282		0.309		0.217	
兼业户	Nature	−0.142	0.154	−0.227	0.113	−0.519**	0.025
	Manpower	0.218***	0.002	0.396***	0.004	0.167	0.234
	Goods	0.221***	0.008	0.462***	0.005	0.753***	0.000
	Financial	0.189*	0.078	0.613***	0.000	0.889***	0.000
	Society	−0.019	0.869	−0.069	0.445	−0.323**	0.014
	_cons	0.037	0.304	−0.026	0.648	0.105	0.146
	Pseudo R²	0.047		0.113		0.177	
非农户	Nature	0.001	0.907	−0.071	0.296	−0.347	0.134
	Manpower	−0.002	0.556	−0.077***	0.000	−0.115	0.113
	Goods	−0.002	0.547	−0.023	0.269	−0.060	0.450
	Financial	0.000	0.913	0.039	0.313	0.169**	0.020
	Society	0.000	0.907	−0.004	0.879	−0.053	0.572
	_cons	0.018***	0.000	0.072***	0.000	0.153**	0.016
	Pseudo R²	0.000		0.011		0.040	

（1）自然资产的影响。自然资产对兼业户的土地利用综合技术效率的影响在0.75个分位点上达到显著（在5%的显著水平显著，且符号为负）。这说明对兼业户而言，当其土地利用效率较高时，继续增加其土地耕种面积反而会降低土地利用效率。而且从图7.2中还可以清晰地看出，随着兼业户土地利用效率的提高，自然资产对其土地利用效率的负向影响在逐渐增大。而对于非农户而言，虽然自然资产对其土地利用综合技术效率有显著影响（见

表7.8），但在 0.25 个分位点上（较低效率）自然资产对其土地利用综合效率的影响几乎为零，而且在 0.50 和 0.75 个分位点上影响也不显著。但从图 7.2 中却可以看出，在效率很高的分位点上（大于 0.8），自然资产对其土地利用综合技术效率的影响较显著，而且随着土地利用效率的进一步提高，自然资产对其土地利用效率的负向影响在逐渐增大。这进一步说明了兼业户和非农户耕种土地的目的是满足家庭成员的口粮需求，而不是用来盈利和增加家庭的总收入，因此，当自然资源较少时，为了保障家庭成员对口粮的需求，这类农户可能会精耕细作，提高土地的利用效率。而当自然资源增多时，这类农户实行粗放式经营也可以满足家庭成员对口粮的需求，从而降低了土地利用的效率。因此，对于土地较多的兼业户，政府应该鼓励其流出部分土地，以提高其土地利用效率。

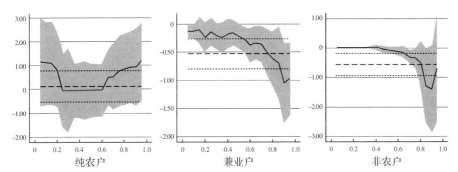

图 7.2 不同生计策略农户自然资产对土地利用综合技术效率影响程度变化规律

（2）人力资产的影响。人力资产对纯农户的土地利用综合技术效率的影响在 0.75 个分位点上达到显著（在 5% 的显著水平显著，且符号为正）。这说明人力资产对土地利用效率较高的纯农户有较大的正向影响，且影响系数呈现出先增大后减小的趋势。即对于土地利用效率较高的纯农户来说，随着人力资产的增加，其土地利用效率也会提高。这可能是因为效率较低的纯农户从事耕作的劳动力大部分是文化水平低且年纪大的老人，耕种土地的目的是满足家庭成员的口粮需求，而不是用来盈利和增加家庭的总收入。因此，即使提高其人力资产水平，也对其土地利用效率影响不大，而土地利用效率较高的一部分纯农户从事耕作的劳动力是有一定文化水平的青壮年，其耕种土地的目的不仅是满足家庭成员的口粮需求，还是用来盈利和增加家庭的总收入。所以这部分农户会随着其人力资产水平的提高而提高其土地利用效率。

人力资产对兼业户土地利用综合技术效率的影响在 0.25 和 0.50 个分位点上达到显著（都在 1%的显著水平显著，且符号为正），这说明人力资产对土地利用效率为中低的兼业户具有较大的正向影响。即对于土地利用效率不高的兼业户来说，随着人力资产的增加，其土地利用效率也会提高。且随着效率从低效率到中等效率的升高，其影响逐渐加大。

人力资产对非农户土地利用综合技术效率的影响在 0.50 个分位点上达到显著（在 1%的显著水平显著，且符号为负）。这说明人力资产对土地利用效率为中的非农户具有较大的负向影响。即对于土地利用效率不高的非农户来说，随着人力资产的增加，其土地利用效率反而会降低。这可能是因为随着非农户的人力资产水平的增加，更有利于其从事非农职业，把更多的劳动力和资金用在非农职业上，从而导致土地利用效率的降低。

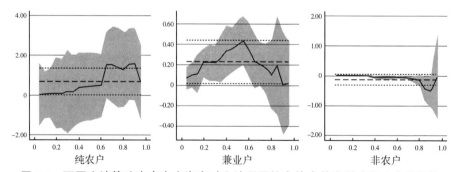

图 7.3　不同生计策略农户人力资产对土地利用综合技术效率影响程度变化规律

（3）物质资产的影响。物质资产对兼业户的土地利用综合技术效率在 0.25、0.50 和 0.75 个分位点上均达到显著（均在 1%的显著水平显著，且符号都为正）。说明无论是对于较高效率兼业户还是对于较低效率兼业户，物质资产始终对其土地利用综合技术效率存在显著的正向影响。从影响系数的变化上看，随着土地利用效率的进一步提高，影响系数呈现出先增大后减小的趋势。说明对于中低土地利用效率的兼业户而言，增加物质资产能够提高其土地利用效率，但由于受到土地面积、劳动力人数等客观因素的影响，随着兼业户土地利用效率的提高，物质资产对土地利用效率的作用先增强后减弱，即物质资产对兼业户土地利用效率的影响呈倒 U 型，在 0.85 个分位点上对兼业户土地利用效率的影响最大。

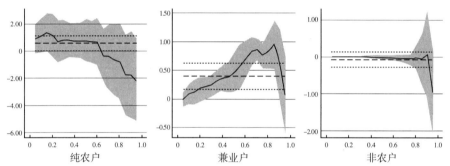

图 7.4　不同生计策略农户物质资产对土地利用综合技术效率影响程度变化规律

（4）金融资产的影响。金融资产对兼业户的土地利用综合技术效率在 0.25、0.50 和 0.75 个分位点上均达到显著（在 10% 和 1% 的显著水平显著，且符号都为正）。说明无论是对于较高效率兼业户还是对于较低效率兼业户，金融资产始终对其土地利用综合技术效率存在显著的正向影响。从影响系数的变化上看，随着土地利用效率的进一步提高，影响系数呈现出先增大后减小的趋势。说明对于中低土地利用效率的兼业户而言，增加金融资产能够提高其土地利用效率，但由于受到土地面积、劳动力人数等客观因素的影响，随着兼业户土地利用效率的提高，金融资产对土地利用效率的作用先增强后减弱，即金融资产对兼业户土地利用效率的影响也和物质资产的影响一样呈倒 U 型，在 0.75 个分位点上对兼业户土地利用效率的影响最大。

金融资产对非农户的土地利用综合技术效率在 0.75 个分位点上达到显著（在 5% 的显著水平显著，且符号为正）。在 0.25、0.50 个分位点上均未达到显著。说明对于较低土地利用效率和中等土地利用效率的非农户而言，金融资产对其土地利用效率并没有太大的影响，而对于土地利用效率较高的非农户来说，随着金融资产的增加，其土地利用效率会提高。这可能是因为随着金融资产的增多，一部分土地利用效率较高的非农户会流入土地从事农业规模化经营。

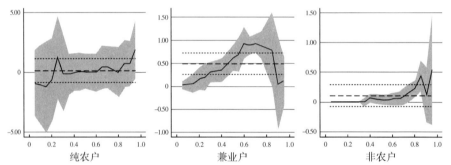

图 7.5　不同生计策略农户金融资产对土地利用综合技术效率影响程度变化规律

（5）社会资产的影响。社会资产对纯农户土地利用综合技术效率在 0.25 和 0.50 个分位点上达到显著（在 10% 和 5% 的显著水平显著，且符号为负），在第 0.75 个分位点上未达到显著，这说明社会资产对土地利用效率为中低的纯农户具有较大的负向影响，而对于土地利用效率较高的纯农户来说，社会资产对其土地利用效率并没有太大影响。从影响系数的变化上看，随着土地利用效率的进一步提高，影响系数绝对值呈现出先增大后减小的趋势。说明对于中低土地利用效率的纯农户而言，增加社会资产会降低其土地利用效率，但随着纯农户土地利用效率的提高，社会资产对土地利用效率的作用先增强后减弱，在 0.6 个分位点上对纯农户土地利用效率的影响最大。这可能是因为土地利用效率较低的一部分纯农户由于社会资产太少而不得不从事农业生产，一旦其社会资产增加，这部分农户就有机会从事非农兼业，从而导致其土地利用效率降低。

社会资产对兼业户的土地利用综合技术效率在 0.75 个分位点上达到显著（在 5% 的显著水平显著，且符号为负）。在 0.25、0.50 个分位点上均未达到显著。说明对于较低土地利用效率和中等土地利用效率的兼业户而言，社会资产对其土地利用效率并没有太大的影响，而对于土地利用效率较高的兼业户来说，随着社会资产的增加，其土地利用效率会降低。从影响系数的变化上看，随着土地利用效率的进一步提高，影响系数绝对值呈现出不断增强的趋势。这可能是因为一部分土地利用效率较高的兼业户随着社会资产的增多，有更多的机会从事非农职业，使其兼业程度增加，从而导致其土地利用效率降低。

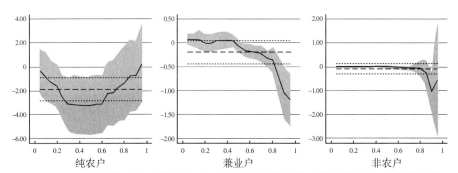

图 7.6 不同生计策略农户社会资产对土地利用综合技术效率影响程度变化规律

总之，不同生计策略农户其生计资产对土地利用综合技术效率的影响在不同的效率区间其影响也存在差异，而且随着效率的变化其影响强度的变化也不一样。对纯农户而言，影响其土地利用综合技术效率的主要生计资产因素是人力资产和社会资产，人力资产在高效率区间有正向影响，影响强度呈现出先增大再减小的趋势，而社会资产在中低效率区间有负向影响，影响强度呈现出先增大后减小的趋势；对兼业户而言，所有生计资产都对其土地利用综合技术效率有影响，自然资产在高效率区间有负向影响，且影响系数的绝对值不断增大，人力资产在中低效率区间有正向影响，且影响强度逐渐加大。物质资产和金融资产在各个分位点上都有正向影响，且影响强度先增大再减小，社会资产在高效率区间有正向影响，且影响强度逐渐增大；对非农户而言，影响其土地利用综合技术效率的主要生计资产因素只有人力资产和金融资产，人力资产在中等效率区间有负向影响，且影响强度先增大再减小，金融资产在高效率区间有正向影响，且影响强度先增大再减小。

7.3.3 农户生计资产对土地利用纯技术效率的影响

为了反映不同生计策略农户生计资产对土地利用效率内部结构的影响，本书将综合技术效率分解为纯技术效率和规模效率，并利用线性回归模型和分位数回归模型进一步分析不同生计策略农户生计资产对纯技术效率和规模效率的影响。

7.3.3.1 OLS 回归结果

运用 Stata12 对不同生计资产对土地利用效率的影响模型进行估计，模型估计结果如表 7.9 所示。

表 7.9　农户生计资产对土地利用纯技术效率影响 OLS 回归结果

变量	纯农户		兼业户		非农户	
	Coef.	P > t	Coef.	P > t	Coef.	P > t
Nature	0.059	0.852	−0.634***	0.000	0.319	0.359
Manpower	0.645*	0.051	0.111	0.271	−0.049	0.767
Goods	0.455*	0.092	0.362***	0.001	0.605***	0.002
Financial	0.419	0.386	0.431***	0.000	−0.552***	0.001
Society	−1.714***	0.001	−0.156	0.182	−0.227	0.265
_cons	0.324**	0.013	0.261***	0.000	0.667***	0.000
Number of obs	55		318		247	
Prob > F	0.003***		0.000***		0.001***	
R−squared	0.302		0.154		0.083	

从表 7.9 可以看出，自然资产对兼业户的土地利用纯技术效率有显著的影响（1%的显著性水平下显著，且符号为负），即在其他条件不变的情况

下，兼业户的自然资产越少，其土地利用的纯技术效率将越高。这可能是因为兼业户虽然有非农收入，但其非农收入还不足以满足其家庭成员的所有消费需求，兼业户还没有完全脱离农业，必须通过耕种土地来满足家庭成员对食物的需求，因此，当自然资源较少即土地较少时，为了保障家庭成员对粮食的需求，这类农户可能会采用更先进的技术进行精耕细作，从而提高土地的产出和利用效率。而当自然资源增多即耕种土地多时，这类农户实行粗放式经营也可以满足家庭成员对粮食的需求，从而降低了其土地利用的效率。自然资产对纯农户的土地利用纯技术效率影响不显著，对纯农户来说，由于年龄较大且文化水平较低限制了其对农业技术的采用，因此土地的多少不会对土地利用纯技术效率产生很大影响。而对非农户来说，由于其大部分收入都是来自非农收入，且非农收入足以满足其家庭成员的消费需要，因此，土地的多少也不会对土地利用纯技术效率产生很大影响。

人力资产对纯农户的土地利用纯技术效率具有显著的影响（显著性水平为 10%，且符号都为正）。即在其他条件不变的情况下，纯农户拥有的人力资产越多，其土地利用的综合技术效率将越高。这主要是因为纯农户对农业技术的采用主要受文化水平和技能的限制，一旦提高其文化和技能水平，这部分农户就会采用现代先进的农业技术，这说明提高农村劳动力的素质有利于提高土地利用的纯技术效率。

物质资产对所有农户土地利用的纯技术效率具有显著的影响（显著性水平分别为 10% 和 1%，且符号都为正）。即在其他条件不变的情况下，农户拥有的物质资产越多，其土地利用的纯技术效率将越高。这也说明农业生产工具和生产基础设施是影响农户采用农业现代技术的主要限制因素之一，改善农业生产工具和生产基础设施将有利于农户采用现代农业技术，从而提高土地利用的纯技术效率。

金融资产对兼业户和非农户的土地利用纯技术效率具有显著的影响（显著性水平为 1%，对兼业户的符号为正，而对非农户符号为负），对纯农户土地利用的纯技术效率影响不显著。即在其他条件不变的情况下，兼业户拥有的金融资产越多，其土地利用的纯技术效率将越高；但非农户拥有的金融资产越多，其土地利用的纯技术效率却越低。这可能是因为调查研究区是西部山区，调查的纯农户家庭劳动力大部分是文化水平比较低且年龄比较大的老人，即使他们拥有更多的金融资产，受文化水平和年龄的限制，也不会加大对农业的投资。而兼业户家庭的劳动力都具有较高的文化水平，且见多识广，市场意识强，又没有完全脱离农业，一旦他们拥有更多的资金，就会加大对农业的投资，流转更多的土地，采用更先进的技术，从事现代化的农业生产，从而可以提高土地利用的纯技术效率。这也说明加大对农村能人的金融支持，将有利于土地利用效率的提高。但对于非农户而言，由于其主要在非农领域就业，一旦其拥有更多的金融资产，就会选择在自己熟悉的非农领域谋求更大的发展，甚至会促使其彻底脱离农业，因此金融资产对非农户的土地利用纯技术效率的影响为负。

社会资产对纯农户的土地利用纯技术效率具有显著的影响（显著性水平为1%，且符号为负）。即在其他条件不变的情况下，纯农户拥有的社会资产越多，其土地利用的纯技术效率将越低。这也进一步说明西部山区纯农户收入低的主要原因是社会资产不足，缺少寻找非农职业的途径，所以只能困在土地上，一旦他们拥有更多的社会资产，他们就会兼业，从而导致土地利用效率的降低。

总之，不同生计策略农户其生计资产对土地利用纯技术效率的影响存在较大差异，对纯农户而言，影响其土地利用纯技术效率的主要生计资产因素是人力资产、物质资产和社会资产，且人力资产和物质资产为正向影响，社会资产为负向影响；对兼业户而言，影响其土地利用纯技术效率的主要生计资产因素是自然资产、物质资产和金融资产，且物质资产和金融资产为正向影响，自然资产为负向影响；对非农户而言，影响其土地利用纯技术效率的主要生计资产因素是物质资产和金融资产，且物质资产为正向影响，金融资产为负向影响。

7.3.3.2 分位数回归结果。

为进一步解释不同生计策略农户生计资产对土地利用纯技术效率影响的完整情况，本书运用Stata12采用Bootstrap方法对不同生计资产对土地利用效率的影响模型进行分位数回归估计，表7.10列出了农户土地利用纯技术效率在0.25、0.50、0.75个分位点模型估计结果（0.25、0.50、0.75可分别认为是土地利用纯技术较低效率、中等效率和较高效率的农户）。同时还运用Stata12列出了不同生计策略农户土地利用纯技术效率分位数回归系数的变化情况，如图7.7至图7.11所示。

表 7.10　农户生计资产对土地利用纯技术效率影响分位数回归结果

不同生计策略农户	变量	q25		q50		q75	
		Coef.	P > t	Coef.	P > t	Coef.	P > t
纯农户	Nature	0.107	0.915	0.198	0.782	0.974	0.159
	Manpower	0.717	0.477	0.445	0.587	1.080*	0.080
	oods	0.653	0.496	0.188	0.823	−1.039	0.333
	Financial	1.018	0.606	0.435	0.714	0.369	0.671
	Society	−2.430*	0.077	−2.447*	0.089	−0.881	0.524
	_cons	0.063	0.889	0.563*	0.078	0.732**	0.038
	Pseudo R²	0.261		0.279		0.253	
兼业户	Nature	−0.332***	0.003	−0.333**	0.042	−0.688***	0.001
	Manpower	0.082	0.163	0.275**	0.026	−0.002	0.991
	Goods	0.199**	0.010	0.442***	0.005	0.781***	0.000
	Financial	0.192**	0.042	0.408**	0.013	0.701***	0.000
	Society	0.145*	0.069	−0.051	0.524	−0.295**	0.042
	_cons	0.141***	0.000	0.095*	0.058	0.228***	0.002
	Pseudo R²	0.051		0.104		0.168	
非农户	Nature	0.254	0.582	0.027	0.868	0.004	0.396
	Manpower	−0.174	0.660	0.006	0.853	0.000	0.935
	Goods	1.006***	0.002	0.020	0.873	0.002	0.347
	Financial	−1.693***	0.001	−0.015	0.904	−0.003	0.114

不同生计策略农户	变量	q25		q50		q75	
		Coef.	P > t	Coef.	P > t	Coef.	P > t
非农户	Society	−0.667	0.106	0.003	0.951	0.000	0.985
	_cons	0.611***	0.001	0.985***	0.000	0.999***	0.000
	Pseudo R²	0.159		0.002		0.000	

从表 7.10 可以看出，各种生计资产对不同生计策略农户的土地利用纯技术效率在 0.25、0.50、0.75 个分位点上的影响具有明显差异，具体表现如下：

（1）自然资产的影响。自然资产对兼业户的土地利用纯技术效率的影响在 0.25、0.50 和 0.75 个分位点上均达到显著（显著性水平分别为 1%、5% 和 1%，且符号为负）。这说明对兼业户而言，不管其土地利用纯技术效率的高低，继续增加其土地耕种面积反而会降低土地利用的纯技术效率。这进一步说明了兼业户耕种土地的目的是满足家庭成员的口粮需求，而不是用来盈利和增加家庭的总收入，因此，当自然资源较少时，为了保障家庭成员对口粮的需求，这类农户可能会采用先进技术进行精耕细作，从而提高土地利用的纯技术效率。而当自然资源增多时，这类农户由于实行粗放式经营也可以满足家庭成员对口粮的需求，其采用先进技术的积极性反而不高，从而降低了土地利用的纯技术效率。而且从图 7.7 中还可以清晰地看出，随着兼业户土地利用纯技术效率的提高，自然资产对其土地利用纯技术效率的负向影响在逐渐增大。因此，对于土地较多的兼业户，政府应该鼓励其流出部分土地，以提高其土地利用的纯技术效率。而对于纯农户和非农户而言，不管在哪个分位点上，自然资产对其土地利用的纯技术效率的影响都不显著。

（2）人力资产的影响。人力资产对纯农户的土地利用纯技术效率的影响只在 0.75 个分位点上达到显著（在 10% 的显著水平显著，且符号为正）。这说明人力资产只对土地利用纯技术效率较高的纯农户有较大的正向影响，即对于较高纯技术效率的纯农户来说，随着人力资产的增加，其土地利用纯技

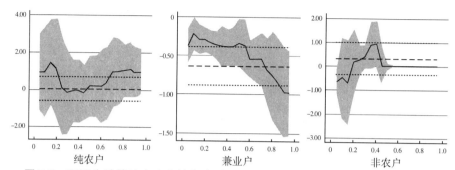

图 7.7 不同生计策略农户自然资产对土地利用纯技术效率影响程度变化规律

术效率也会提高。这可能是因为纯技术效率较低的纯农户从事耕作的劳动力大部分是文化水平低且年纪大的老人，耕种土地的目的是满足家庭成员的口粮需求，而不是用来盈利和增加家庭的总收入，因此，即使提高其人力资产水平，其也不会采用更先进的农业生产技术，因而对其土地利用纯技术效率的影响不大。而土地利用纯技术效率较高的一部分纯农户从事耕作的劳动力是有一定文化水平的青壮年，耕种土地的目的不仅是满足家庭成员的口粮需求，还是用来盈利和增加家庭的总收入，所以这部分农户会随着其人力资产水平的提高而提高其土地利用效率。

人力资产对兼业户土地利用纯技术效率的影响在 0.50 个分位点上达到显著（在 5%的显著水平显著，且符号为正），这说明人力资产对土地利用纯技术效率为中等的兼业户具有较大的正向影响。即对于土地利用纯技术效率中等的兼业户来说，随着人力资产的增加，其土地利用纯技术效率也会提高。

人力资产对非农户土地利用纯技术效率几乎没有影响。这可能是因为其主要在非农领域就业，随着人力资产水平的增加，只会更有利于其从事非农职业，而对其采用先进技术从事农业生产没有影响。

（3）物质资产的影响。物质资产对兼业户的土地利用纯技术效率的影响在 0.25、0.50 和 0.75 个分位点上均达到显著（显著性水平分别为 5%、1%和1%，且符号都为正）。说明无论是对于较高效率兼业户还是对于较低效率兼

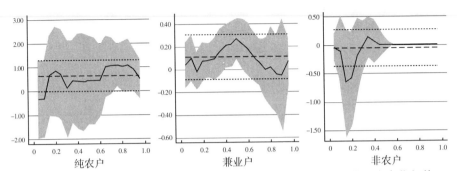

图 7.8　不同生计策略农户人力资产对土地利用纯技术效率影响程度变化规律

业户，物质资产始终对其土地利用纯技术效率存在显著的正向影响。这说明制约兼业户采用先进技术从事农业生产的主要因素是农业生产工具和农业基础设施。从影响系数的变化上看，随着土地利用效率的进一步提高，影响系数呈现出先增大后减小的趋势。说明对于兼业户而言，增加物质资产能够提高其土地利用的纯技术效率，但由于受到土地面积、劳动力人数等客观因素的影响，随着兼业户土地利用纯技术效率的提高，物质资产对土地利用纯技术效率的作用先增强后减弱，即物质资产对兼业户土地利用纯效率的影响大小呈倒 U 型，在 0.8 个分位点上对兼业户土地利用纯技术效率的影响最大。

物质资产对纯农户土地利用纯技术效率的影响不显著。而对非农户只在 0.25 个分位点上有显著影响。

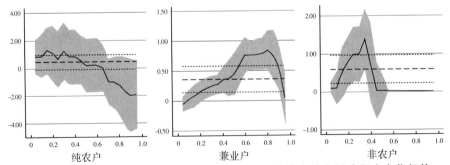

图 7.9　不同生计策略农户物质资产对土地利用纯技术效率影响程度变化规律

（4）金融资产的影响。金融资产对兼业户的土地利用纯技术效率的影响在 0.25、0.50 和 0.75 个分位点上均达到显著（显著性水平分别为 5%、5% 和 1%，且符号都为正）。说明无论是对于较高效率兼业户还是对于较低效率兼业户，金融资产始终对其土地利用纯技术效率存在显著的正向影响。从影响系数的变化上看，随着土地利用纯技术效率的进一步提高，影响系数呈现出先增大后减小的趋势。说明对于兼业户而言，增加金融资产能够提高其土地利用纯技术效率，但由于受到土地面积、劳动力人数等其他因素的限制，随着兼业户土地利用纯技术效率的提高，金融资产对其土地利用纯技术效率的作用先增强后减弱，即金融资产对兼业户土地利用纯技术效率的影响也和物质资产的影响一样呈倒 U 型，在 0.65 个分位点上对兼业户土地利用纯技术效率的影响最大。

金融资产对非农户的土地利用纯技术效率的影响在 0.25 个分位点上达到显著（在 1% 的显著水平显著，且符号为负）。在 0.50、0.75 个分位点上均未达到显著。说明对于中、高等土地利用纯技术效率的非农户而言，金融资产对其土地利用纯技术效率并没有太大的影响，而对于土地利用效率较低的非农户来说，随着金融资产的增加，其土地利用的纯技术效率会降低。这可能是因为随着金融资产的增多，更有利于其在非农领域发展，因此金融资产对非农户的土地利用纯技术效率的影响为负。

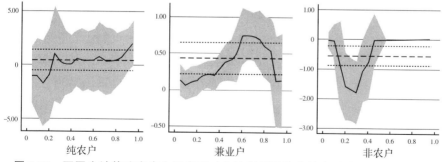

图 7.10 不同生计策略农户金融资产对土地利用纯技术效率影响程度变化规律

（5）社会资产的影响。社会资产对纯农户土地利用纯技术效率的影响在 0.25 和 0.50 个分位点上达到显著（都在 10% 的显著水平显著，且符号为负），在 0.75 个分位点上未达到显著，这说明社会资产对土地利用纯技术效率为中低的纯农户具有较大的负向影响，而对于土地利用纯技术效率较高的纯农户并没有太大影响。从影响系数的变化上看，随着土地利用纯技术效率的提高，影响系数绝对值呈现先增大后减小的趋势。说明对于中低土地利用纯技术效率的纯农户而言，增加社会资产会降低其土地利用纯技术效率，但随着纯农户土地利用纯技术效率的提高，社会资产对土地利用纯技术效率的影响先增强后减弱，在 0.3 个分位点上的影响最大。这可能是因为土地利用纯技术效率较低的一部分纯农户由于社会资产太少而不得不从事农业生产，一旦其社会资产增加，这部分农户就有机会从事非农兼业，从而导致其土地利用效率降低。

社会资产对兼业户的土地利用纯技术效率的影响在 0.25 和 0.75 个分位点上达到显著，但在 0.25 个分位点上是正向影响，而在 0.75 个分位点上却是负向影响。说明对于较低纯技术效率的兼业户而言，随着社会资产的增加，其土地利用的纯技术效率会提高，而对于土地利用效率较高的兼业户来说，随着社会资产的增加，其土地利用纯技术效率反而会降低。从影响系数的变化上看，随着土地利用效率的提高，影响系数绝对值呈现出先减小后增大的趋势。这可能是因为一部分土地利用效率较高的兼业户随着社会资产的

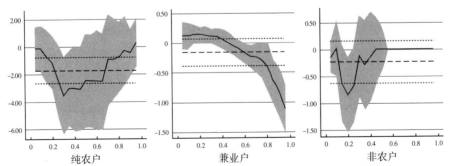

图 7.11 不同生计策略农户社会资产对土地利用纯技术效率影响程度变化规律

增多，有更多的机会从事非农职业，使其兼业程度增加，从而导致其土地利用纯技术效率降低。

总之，不同生计策略的农户其生计资产对土地利用纯技术效率的影响在不同的效率区间其影响是不同的，而且随着效率的变化其影响强度的变化也不一样。对纯农户而言，影响其土地利用纯技术效率的主要生计资产因素是人力资产和社会资产，且人力资产在高效率区间有正向影响，而社会资产在中低效率区间有负向影响，社会资产的影响系数绝对值呈现出先增大后减小的趋势；对兼业户而言，所有生计资产都对其土地利用纯技术效率有影响，自然资产在各个分位点上都有负向影响，且影响系数的绝对值不断增大。人力资产只在 0.50 个分位点上有正向影响，物质资产和金融资产在各个分位点上都有正向影响，且影响系数先增大再减小。社会资产在 0.25 个分位点有正向影响，在 0.75 个分位点上有负向影响，影响系数绝对值呈现出先减小后增大的趋势；对非农户而言，影响其土地利用综合技术效率的主要生计资产因素只有物质资产和金融资产，物质资产在 0.25 个分位点有正向影响，金融资产在 0.25 个分位点有负向影响。

7.3.4 农户生计资产对土地利用规模效率的影响

7.3.4.1 OLS 回归结果

运用 Stata12 对不同生计资产对土地利用效率的影响模型进行估计，模型估计结果如表 7.11 所示。

表 7.11　不同生计策略农户生计资产对土地利用规模效率影响 OLS 回归结果

变量	纯农户		兼业户		非农户	
	Coef.	P>t	Coef.	P>t	Coef.	P>t
Nature	0.249	0.169	0.133	0.139	−0.896***	0.009
Manpower	0.305*	0.099	0.363***	0.000	−0.102	0.524
Goods	0.374**	0.016	0.231***	0.003	−0.321*	0.083
Financial	−0.552**	0.046	0.191**	0.016	0.505***	0.003

变量	纯农户		兼业户		非农户	
	Coef.	P > t	Coef.	P > t	Coef.	P > t
Society	−1.046***	0.000	−0.122	0.140	−0.165	0.404
_cons	0.800***	0.000	0.618***	0.000	0.393***	0.000
Number of obs	55		318		247	
Prob > F	0.000***		0.000***		0.001***	
R−squared	0.435		0.135		0.085	

从表 7.11 可以看出，自然资产只对非农户的土地利用规模效率有显著的影响（1%的显著性水平下显著，且符号为负）。即在其他条件不变的情况下，非农户的自然资产越多，其土地利用的规模效率将越低。规模效率也叫配置效率，反映的是各种土地投入要素配置比例的合理程度。非农户主要在非农产业就业，劳动力等要素主要投向非农产业，即使其自然资产增多，其也没有更多的劳动投入农业，这会导致土地投入要素的配置比例不合理，从而降低了土地利用的规模效率。自然资产对纯农户和兼业户的土地利用规模效率影响不显著，主要是因为这两类农户有闲置的劳动力，一旦其自然资产增加，他们投入到土地上的劳动也会增加，因而不会影响投入要素的配置比例，也不会影响土地利用的规模效率。

人力资产对纯农户和兼业户的土地利用规模效率具有显著的影响（显著性水平分别为 10%和 1%，且符号都为正）。即在其他条件不变的情况下，纯农户和兼业户拥有的人力资产越多，其土地利用的规模效率将越高。这主要是因为纯农户和兼业户对土地投入要素的配置主要受文化水平和技能的限制，一旦提高其文化和技能水平，这部分农户就会更好地配置土地投入要素，这说明提高农村劳动力的素质有利于提高土地利用的规模效率。

物质资产对纯农户和兼业户土地利用的纯规模效率具有显著的影响（显著性水平分别为 5%和 1%，且符号都为正）。即在其他条件不变的情况下，农户拥有的物质资产越多，其土地利用的规模效率将越高。这也说明农业生产工具和生产基础设施是影响纯农户和兼业户配置投入要素的主要限制因素之一，改善农业生产工具和生产基础设施将有利于农户更好地配置土地投入要素，从而提高土地利用的规模效率。物质资产对非农户土地利用规模效率具有显著的负向影响，即物质资产的增加会降低非农户土地利用的规模效率。物质资产除了农业生产工具和农业生产基础设施外，还包括家庭耐用消费品和固定资产，随着家庭固定资产的增加，非农户可能会把更多的要素投向非农产业，从而导致土地投入要素配置比例的变化，影响了土地利用的规模效率。

金融资产对所有农户土地利用规模效率都具有显著的影响，但对纯农户是负向影响，对兼业户和非农户是正向影响，即在其他条件不变的情况下，纯农户拥有的金融资产越多，其土地利用的规模效率将越低；但兼业户和非农户拥有的金融资产越多，其土地利用的规模效率却越高。这可能是因为调查研究区是西部山区，调查的纯农户家庭劳动力大部分是文化水平比较低且年龄比较大的老人，在他们收入较低时，只能把劳动投入到土地以求维持基本生活需要，而一旦他们拥有较多的收入，就不需要靠土地维持基本生活，他们会减少对土地的劳动投入，从而拥有更多的休闲时间安度晚年，因此导致土地利用规模效率的降低。而兼业户和非农户家庭的劳动力年富力强、文化水平较高，且见多识广，市场意识强，一旦他们拥有更多的资金，就会加大对农业的投资，流转更多的土地，采用最佳的要素配置比例从事现代化的农业生产，从而可以提高土地利用的规模效率。这也说明加大对农村能人的金融支持，将有利于土地利用效率的提高。

社会资产对纯农户的土地利用规模效率具有显著的影响（显著性水平为1%，且符号为负）。即在其他条件不变的情况下，纯农户拥有的社会资产越多，其土地利用的规模效率将越低。这也进一步说明西部山区纯农户收入低的主要原因是社会资产不足，缺少寻找非农职业的途径，所以只能困在土地上，一旦他们拥有更多的社会资产，他们就会兼业，从而导致土地利用效率的降低。

总之，不同生计策略农户其生计资产对土地利用规模效率的影响存在较大差异，对纯农户而言，影响其土地利用规模效率的主要生计资产因素是人力资产、物质资产、金融资产和社会资产，且人力资产和物质资产为正向影响，金融资产和社会资产为负向影响；对兼业户而言，影响其土地利用规模效率的主要生计资产因素是人力资产、物质资产和金融资产，且都为正向影响；对非农户而言，影响其土地利用规模效率的主要生计资产因素是自然资产、物质资产和金融资产，且自然资产和物质资产为负向影响，金融资产为正向影响。

7.3.4.2　分位数回归结果

为进一步解释不同生计策略农户生计资产对土地利用规模效率影响的完整情况，本书运用 Stata12 采用 Bootstrap 方法对不同生计资产对土地利用效率的影响模型进行分位数回归估计，表 7.12 列出了农户土地利用规模效率在 0.25、0.50、0.75 个分位点模型估计结果（0.25、0.50、0.75 可分别认为是土地利用规模较低效率、中等效率和较高效率的农户）。同时还运用 Stata12 列出了不同生计策略农户土地利用规模效率分位数回归系数的变化情况，如图 7.12 至图 7.16 所示。

表 7.12　农户生计资产对土地利用规模效率影响分位数回归结果

不同生计策略农户	变量	q25		q50		q75	
		Coef.	P > t	Coef.	P > t	Coef.	P > t
纯农户	Nature	0.553	0.309	0.136	0.649	0.264	0.166
	Manpower	−0.057	0.928	0.232	0.531	0.543**	0.015
	Goods	0.307	0.528	−0.163	0.665	−0.317	0.176
	Financial	−1.188	0.145	−0.276	0.615	−0.387	0.179
	Society	−0.732	0.281	−1.004**	0.011	−0.748**	0.013
	_cons	0.886***	0.000	1.051***	0.000	1.043***	0.000
	Pseudo R²	0.419		0.323		0.233	
兼业户	Nature	0.365***	0.008	0.177*	0.060	0.000	0.994
	Manpower	0.562***	0.000	0.350***	0.000	0.178***	0.000

续表

不同生计策略农户	变量	q25		q50		q75	
		Coef.	P > t	Coef.	P > t	Coef.	P > t
兼业户	Goods	0.419**	0.016	0.327***	0.009	0.171***	0.001
	Financial	0.181	0.124	0.239**	0.038	0.076	0.201
	Society	−0.081	0.592	−0.007	0.950	−0.184***	0.000
	_cons	0.384***	0.000	0.593***	0.000	0.851***	0.000
	Pseudo R^2	0.125		0.109		0.058	
非农户	Nature	0.002	0.676	−0.100	0.507	−1.728	0.106
	Manpower	−0.002	0.737	−0.079	0.105	−0.386	0.362
	Goods	−0.003	0.401	−0.083	0.588	−0.102	0.787
	Financial	0.000	0.970	0.098	0.540	1.105**	0.014
	Society	0.001	0.911	0.013	0.868	0.810	0.122
	_cons	0.019***	0.000	0.094	0.104	0.653**	0.040
	Pseudo R^2	0.000		0.006		0.077	

从表 7.12 可以看出，各种生计资产对不同生计策略农户的土地利用规模效率在 0.25、0.50、0.75 个分位点上的影响具有明显差异，具体表现如下：

（1）自然资产的影响。自然资产对兼业户的土地利用规模效率的影响在 0.25 和 0.50 个分位点上均达到显著（显著性水平分别为 1% 和 10%，且符号为正）。这说明对兼业户而言，在其土地利用中低规模效率阶段，增加其土地耕种面积会提高土地利用的规模效率。这是因为兼业户土地利用规模效率低是由于土地太少而劳动力太多，导致土地利用过程中土地和劳动两种投入要素的不匹配，因而此时增加耕种土地面积有利于兼业户更好地配置劳动和土地两种投入要素，提高要素的边际产出，从而提高土地利用的规模效率。而且从图 7.12 中还可以清晰地看出，随着兼业户土地利用规模效率的提高，自然资产对其土地利用规模效率的正向影响在逐渐减小。而对于纯农户和非农户而言，不管在哪个分位点上，自然资产对其土地利用规模效率的影响都不显著。

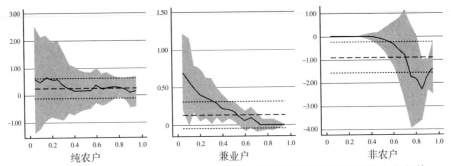

图 7.12 不同生计策略农户自然资产对土地利用规模效率影响程度变化规律

（2）人力资产的影响。人力资产对纯农户的土地利用规模效率的影响只在 0.75 个分位点上达到显著（在 5%的显著水平显著，且符号为正）。这说明人力资产只对土地利用规模效率较高的纯农户有较大的正向影响，即对于较高规模效率的纯农户来说，随着人力资产的增加，其土地利用规模效率也会提高。这可能是因为规模效率较低的纯农户从事耕作的劳动力大部分是文化水平低且年纪大的老人，耕种土地的目的是满足家庭成员的口粮需求，而不是用来盈利和增加家庭的总收入，因此，即使提高其人力资产水平，其也不会更好地配置资源，因而对其土地利用规模效率的影响不大。而土地利用规模效率较高的一部分纯农户从事耕作的劳动力是有一定文化水平的青壮年，耕种土地的目的不仅是满足家庭成员的口粮需求，还是用来盈利和增加家庭的总收入，所以这部分农户会随着其人力资产水平的提高而更好地配置资源，从而提高其土地利用规模效率。

人力资产对兼业户土地利用规模效率的影响在 0.25、0.50 和 0.75 个分位点上均达到显著（都在 1%的显著水平显著，且符号为正），这说明对于兼业户来说，不管是高规模效率还是低规模效率，随着人力资产的增加，其土地利用规模效率都会提高。而且，从图 7.13 还可以清晰地看出，随着兼业户土地利用规模效率的提高，人力资产对土地利用规模效率的影响是逐渐减弱的。

人力资产对非农户土地利用规模效率几乎没有影响。这可能是因为其主要在非农领域就业，随着人力资产水平的增加，只会更有利于其从事非农职业，而对其从事农业生产没有影响。

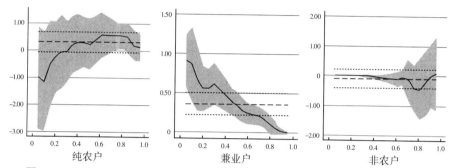

图7.13 不同生计策略农户人力资产对土地利用规模效率影响程度变化规律

（3）物质资产的影响。物质资产对兼业户的土地利用规模效率的影响在0.25、0.50 和 0.75 个分位点上均达到显著（显著性水平分别为 5%、1% 和 1%，且符号都为正）。说明无论是对于较高效率兼业户还是对于较低效率兼业户，物质资产始终对其土地利用规模效率存在显著的正向影响。这说明制约兼业户从事农业生产的主要因素是农业生产工具和农业基础设施。从影响系数的变化上看，随着土地利用规模效率的进一步提高，影响系数呈现出先增大后减小的趋势。这说明对于兼业户而言，增加物质资产能够提高其土地利用的规模效率，但由于受到土地面积、劳动力人数等客观因素的影响，随着兼业户土地利用规模效率的提高，物质资产对土地利用规模效率的作用先增强后减弱，即物质资产对兼业户土地利用规模效率的影响大小呈倒 U 型，在 0.25 个分位点上对兼业户土地利用规模效率的影响最大。

物质资产对纯农户和非农户土地利用规模效率的影响不显著。

（4）金融资产的影响。金融资产对兼业户的土地利用规模效率的影响在0.50 个分位点上达到显著（显著性水平分为 5%，且符号为正）。说明金融资产对中等效率兼业户的土地利用规模效率存在显著的正向影响。从影响系数的变化上看，随着土地利用规模效率的进一步提高，影响系数呈现出先增大

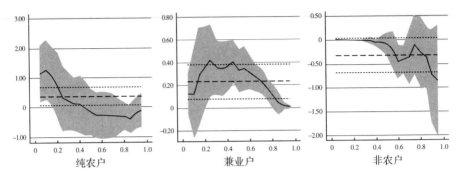

图 7.14　不同生计策略农户物质资产对土地利用规模效率影响程度变化规律

后减小的趋势。

　　金融资产对非农户的土地利用规模效率的影响在 0.75 个分位点上达到显著（在 5% 的显著水平显著，且符号为正）。在 0.25、0.50 个分位点上均未达到显著。说明对于中低土地利用规模效率的非农户而言，金融资产对其土地利用规模效率并没有太大的影响，而对于土地利用效率较高的非农户来说，随着金融资产的增加，其土地利用的规模效率会升高。

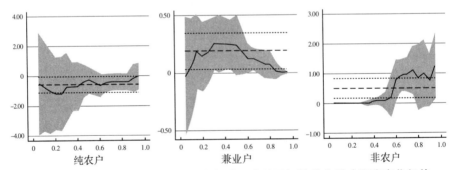

图 7.15　不同生计策略农户金融资产对土地利用规模效率影响程度变化规律

　　（5）社会资产的影响。社会资产对纯农户土地利用规模效率的影响在 0.50 和 0.75 个分位点上达到显著（都在 5% 的显著水平显著，且符号为负），在 0.25 个分位点上未达到显著，这说明社会资产对土地利用规模效率为中高的纯农户具有显著的负向影响，而对于土地利用规模效率较低的纯农户并没有太大影响。

社会资产对兼业户的土地利用规模效率的影响在 0.75 个分位点上达到显著，且是负向影响。说明对于土地利用效率较高的兼业户来说，随着社会资产的增加，其土地利用规模效率反而会降低。这可能是因为一部分土地利用效率较高的兼业户随着社会资产的增多，有更多的机会从事非农职业，使其兼业程度增加，从而导致其土地利用规模效率降低。

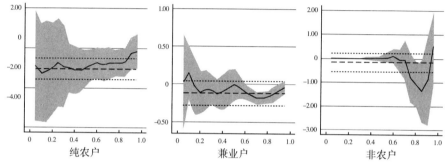

图 7.16　不同生计策略农户社会资产对土地利用规模效率影响程度变化规律

注：图 7.12 至图 7.16 中较粗的虚线表示土地利用规模效率的 OLS 回归估计值，两条较细虚线之间的区域表示 OLS 回归估计值的置信区间（置信度为 0.95），实线是农户各个生计资本的分位数回归估计结果，阴影部分是分位数回归估计值的置信区间（置信度为 0.95）；图中横轴表示农户土地利用规模效率的不同分位点，纵轴表示各变量的回归系数。

总之，不同生计策略的农户其生计资产对土地利用规模效率的影响在不同的效率区间是不同的，而且随着效率的变化其影响强度也不一样。对纯农户而言，影响其土地利用规模效率的主要生计资产因素是人力资产和社会资产，且人力资产在高效率区间有正向影响，而社会资产在中高效率区间有负向影响；对兼业户而言，所有生计资产都对其土地利用规模效率有影响，自然资产在 0.25 和 0.50 个分位点上都有正向影响，且影响系数的绝对值不断减小。人力资产在各个分位点上都有正向影响，且影响系数逐渐减小。物质资产在各个分位点上都有正向影响，且影响系数先增大再减小。金融资产在 0.50 个分位点有正向影响。社会资产在 0.75 个分位点有负向影响；对非农户而言，影响其土地利用规模效率的主要生计资产因素只有金融资产在 0.75 个分位点有正向影响。

7.4　结论与讨论

本章首先对农户生计资产对土地利用效率的作用机理进行了理论分析，其次运用 DEA 模型方法测算了不同生计策略农户的土地利用效率，最后运用 OLS 回归方法和分位数回归方法对不同生计策略农户生计资产对土地利用效率的影响进行了实证分析。综合以上分析可得出以下结论：

（1）不同生计策略农户的土地利用综合技术效率都不高但存在较大差异。纯农户的综合技术效率最高，兼业户次之，非农户最低，即随着兼业程度的增加，农户的土地利用效率呈现出降低的趋势。

（2）不同生计策略农户土地利用效率的分布差异较大。纯农户的综合技术效率主要分布在 0.5~0.8 的中高效率区间，兼业户和非农户主要分布在低效率区间；纯农户的纯技术效率主要分布在中等效率区间，兼业户则主要分布在低效率区间，而非农户主要分布在高效率区间；纯农户和兼业户的规模效率主要分布在中等效率区间，而非农户主要分布在低效率区间。

（3）不同生计策略农户土地利用效率差异的主要原因是土地的规模效率差异，即随着土地经营规模的扩大，农户的土地利用效率呈现出提高的趋势。

（4）不同生计策略农户生计资产对土地利用综合技术效率的影响存在差异。影响纯农户土地利用综合技术效率的生计资产是人力资产、物质资产和社会资产。人力资产和物质资产有正向影响，社会资产有负向影响；影响兼业户土地利用综合技术效率的生计资产是自然资产、人力资产、物质资产和社会资产。自然资产有负向影响，人力资产、物质资产和社会资产有正向影响；影响非农户土地利用综合技术效率的主要生计资产只有自然资产有负向影响。

（5）不同生计策略农户生计资产对土地利用综合技术效率的影响在不同

的效率区间也存在差异。对纯农户而言，人力资产在高效率区间有正向影响，影响强度先增大再减小。而社会资产在中低效率区间有负向影响，影响强度先增大后减小。对兼业户而言，自然资产在高效率区间有负向影响，且影响强度不断增大。人力资产在中低效率区间有正向影响，且影响强度逐渐加大。物质资产和金融资产在各个分位点上都有正向影响，且影响强度先增大再减小。社会资产在高效率区间有正向影响，且影响强度逐渐增大。对非农户而言，人力资产在中等效率区间有负向影响，且影响强度先增大再减小。金融资产在高效率区间有正向影响，且影响强度先增大再减小。

（6）不同生计策略农户生计资产对土地利用纯技术效率的影响存在差异。影响纯农户土地利用纯技术效率的生计资产是人力资产、物质资产和社会资产，且人力资产和物质资产为正向影响，社会资产为负向影响；影响兼业户土地利用纯技术效率的生计资产是自然资产、物质资产和金融资产，物质资产和金融资产为正向影响，自然资产为负向影响；影响非农户土地利用纯技术效率的生计资产是物质资产和金融资产，物质资产为正向影响，金融资产为负向影响。

（7）不同生计策略农户生计资产对土地利用纯技术效率的影响在不同的效率区间也存在差异。对纯农户而言，人力资产在高效率区间有正向影响，而社会资产在中低效率区间有负向影响，且影响强度先增大后减小；对兼业户而言，自然资产在各个分位点上都有负向影响，且影响强度不断增大。人力资产在中等效率区间有正向影响，物质资产和金融资产在各个分位点上都有正向影响，且影响强度先增大再减小。社会资产在第 0.25 个分位点有正向影响，在 0.75 个分位点上有负向影响，且影响强度先减小后增大；对非农户而言，物质资产在低效率区间有正向影响，金融资产在低效率区间有负向影响。

（8）不同生计策略农户生计资产对土地利用规模效率的影响存在差异。影响纯农户土地利用规模效率的生计资产是人力资产、物质资产、金融资产和社会资产，且人力资产和物质资产为正向影响，金融资产和社会资产为负向影响；影响兼业户土地利用规模效率的生计资产是人力资产、物质资产和金融资产，且都为正向影响；影响非农户土地利用规模效率的生计资产是自然资产、物质资产和金融资产，且自然资产和物质资产为负向影响，金融资产为正向影响。

（9）不同生计策略农户生计资产对土地利用规模效率的影响在不同的效率区间也存在差异。对纯农户而言，人力资产在高效率区间有正向影响，而社会资产在中高效率区间有负向影响；对兼业户而言，自然资产在中低效率区间有正向影响，且影响强度不断减小。人力资产在各个分位点上都有正向影响，且影响强度逐渐减小。物质资产在各个分位点上都有正向影响，且影响强度先增大再减小。金融资产在中等效率区间有正向影响。社会资产在高效率区间有负向影响。对非农户而言，金融资产在高效率区间有正向影响。

8　研究结论及政策启示

8.1　研究结论

本书以人地矛盾突出、水土流失严重的西部山区——遵义市为研究区域，基于可持续生计分析框架，借助问卷调查、统计学、行为学和计量经济学的分析方法，对农户生计资产对土地利用的作用展开系统研究。首先，通过对"自然、政治、经济等背景差异—生计资产差异—生计策略差异—土地利用差异"的动态过程分析，构建"生计资产—土地利用"分析框架，揭示农户生计资产对土地利用的作用机制；其次，构建评价指标体系对农户生计资产进行量化分析；最后，在此基础上实证分析农户生计资产对生计策略的作用以及不同生计策略农户生计资产对土地利用方式、集约度和效率的影响。本书取得了以下主要成果：

8.1.1　构建了"生计资产—土地利用"分析框架，揭示农户生计资产对土地利用的作用机制

基于可持续生计分析框架，通过对"自然、政治、经济等背景差异—生计资产差异—生计策略差异—土地利用差异"的动态过程分析，构建"生计资产—土地利用"分析框架，揭示农户生计资产对土地利用的作用机制。

8.1.2 构建了评价指标体系对研究区农户生计资产进行综合评价

根据研究区农户的实际情况，按照科学性与合理性、客观性与可操作性相结合的原则以及生计资产本身的特点，构建了研究区农户生计资产评价指标体系，并利用该评价指标体系对不同生计策略农户的生计资产进行综合评价。研究发现，研究区不同生计策略农户拥有的生计资产结构差异较大，具体表现如下：

（1）不同生计策略农户的生计资产总值差异较小，主要是在不同类型生计资产的拥有结构上差异较大。

（2）纯农户拥有较多的自然资产和物质资产，有利于其从事传统的农业生产，但其人力资产、金融资产和社会资产较匮乏，不利于其从事现代农业生产。

（3）非农户和兼业户拥有较多的人力资产、金融资产和社会资产，有利于其生计策略的多样化，但由于其自然资产和物质资产较匮乏，也不利于其返乡创业成为现代农业的生产经营者。

8.1.3 分析了农户生计资产对生计策略的作用

首先对农户生计资产对生计策略的作用机理进行了理论分析，其次利用多元 Logit 模型对研究区农户生计资产对其生计策略的影响进行实证分析。研究发现，生计资产对农户生计策略选择的影响不同，具体表现如下：

（1）自然资产和物质资产对农户生计策略的选择具有显著的负向影响。即自然资产和物质资产越多的农户，越倾向于选择从事农业生产的生计策略。

（2）人力资产和金融资产对农户生计策略的选择具有显著的正向影响。即人力资产和金融资产越多的农户，越倾向于选择从事非农生产的生计策略。

（3）社会资产对农户生计策略的选择没有显著影响。

8.1.4 分析了不同生计策略农户生计资产对土地利用方式的作用

首先，从理论上对农户生计资产对土地利用方式（种植结构）的作用机理进行了分析；其次，分析了研究区不同生计策略农户的土地利用现状；最后，运用多元 Logit 模型对研究区不同生计策略农户生计资产对其土地利用方式的影响进行实证分析。研究发现，不同生计策略农户生计资产对土地利用方式的影响差异较大，具体表现如下：

（1）从农户土地的种植结构看，纯农户的选择具有多样性，虽然大部分农户选择传统粮食作物种植，但也有不少农户选择粮食和经济作物混合种植，并没有农户把土地转出或抛荒；兼业户和非农户的选择比较单一，他们更多地选择土地转出或抛荒。

（2）不同生计策略农户由于其拥有的生计资产性质和结构的不同，其选择的土地作物种植结构也不同。拥有较多自然资产和物质资产的农户倾向于选择传统粮食作物种植或粮食和经济作物混合种植；拥有较多人力资产、金融资产和社会资产的农户倾向于选择经济作物种植或土地转出或抛荒。

（3）生计资产对不同生计策略农户土地利用方式的影响不同。自然资产、物质资产和社会资产对所有农户土地利用方式的选择都有影响。而人力资产和金融资产只对兼业户和非农户的土地利用方式选择有显著影响。

（4）生计资产对农户不同的土地利用方式选择的影响不同。在粮食作物种植与粮食和经济作物共同种植的选择上，影响纯农户选择的生计资产因素为社会资产；影响兼业户选择的生计资产因素为物质资产和社会资产；而影响非农户选择的生计资产因素是自然资产、物质资产、金融资产和社会资产。在粮食作物种植和经济作物种植的选择上，影响纯农户选择的生计资产因素为自然资产和物质资产；影响兼业户选择的生计资产因素只有自然资产；而生计资产对非农户选择的影响都不显著。在粮食作物种植与土地转出或抛荒的选择上，由于纯农户没有土地转出或抛荒，因此生计资产对这种土地利用方式选择不产生影响；影响兼业户选择的生计资产因素是自然资产、物质资产、金融资产和社会资产；而影响非农户选择的生计资产因素却只有物质资产。

8.1.5 分析了不同生计策略农户生计资产对土地利用集约度的作用

首先，对农户生计资产对土地利用集约度的作用机理进行了理论分析；其次，对不同生计策略农户土地利用集约度进行了测度和分析；最后，运用OLS回归方法和分位数回归方法对不同生计策略农户生计资产对土地利用集约度的影响进行了实证分析。研究发现，不同生计策略农户生计资产对土地利用集约度的影响不一样，具体表现如下：

（1）不同生计策略农户土地利用集约度存在差异。不同生计策略农户其土地利用资本集约度都高于劳动集约度；无论是土地利用资本集约度还是劳动集约度都是兼业户最高，纯农户次之，非农户最低。

（2）不同生计策略农户生计资产对土地利用集约度的影响存在较大差异。影响纯农户土地利用集约度的生计资产是自然资产、物质资产、金融资产和社会资产；影响兼业户土地利用集约度的生计资产是自然资产、人力资产和金融资产；影响非农户土地利用集约度的主要生计资产因素是自然资产、人力资产和社会资产。

8.1.6 分析了不同生计策略农户生计资产对土地利用效率的作用

首先，对农户生计资产对土地利用效率的作用机理进行了理论分析；其次，运用DEA模型方法测算了不同生计策略农户的土地利用效率；最后，运用OLS回归方法以及Koenker和Bassett（1978）提出的分位数回归方法对不同生计策略农户生计资产对土地利用效率的影响进行了实证分析。研究发现，不同生计策略农户生计资产对土地利用效率有不同影响，具体表现如下：

（1）不同生计策略农户的土地利用综合技术效率都不高但存在较大差异。纯农户的综合技术效率最高，兼业户次之，非农户最低，即随着兼业程度的增加，农户的土地利用效率呈现降低的趋势。

（2）不同生计策略农户土地利用效率的分布差异较大。纯农户的综合技术效率主要分布在 0.5~0.8 的中高效率区间，兼业户和非农户主要分布在低效率区间；纯农户的纯技术效率主要分布在中等效率区间，兼业户则主要分布在低效率区间，而非农户主要分布在高效率区间；纯农户和兼业户的规模效率主要分布在中等效率区间，而非农户主要分布在低效率区间。

（3）不同生计策略农户土地利用效率差异的主要原因是土地的规模效率差异，即随着土地经营规模的扩大，农户的土地利用效率呈现出提高的趋势。

（4）不同生计策略农户生计资产对土地利用综合技术效率的影响存在差异。影响纯农户土地利用综合技术效率的生计资产是人力资产、物质资产和社会资产；影响兼业户土地利用综合技术效率的生计资产是自然资产、人力资产、物质资产和社会资产；影响非农户土地利用综合技术效率的主要生计资产只有自然资产有负向影响。

（5）不同生计策略农户生计资产对土地利用纯技术效率的影响存在差异。影响纯农户土地利用纯技术效率的生计资产是人力资产、物质资产和社会资产；影响兼业户土地利用纯技术效率的生计资产是自然资产、物质资产和金融资产；影响非农户土地利用纯技术效率的生计资产是物质资产和金融资产。

（6）不同生计策略农户生计资产对土地利用规模效率的影响存在差异。影响纯农户土地利用规模效率的生计资产是人力资产、物质资产、金融资产和社会资产；影响兼业户土地利用规模效率的生计资产是人力资产、物质资产和金融资产；影响非农户土地利用规模效率的生计资产是自然资产、物质资产和金融资产。

总之，通过研究我们发现生计资产是农户生计结构的基础，其结构与特征决定着农户生计策略的选择及土地利用决策，并最终影响到农户的土地利用。

8.2　政策启示

综合本书的研究结论可以看出，生计资产是农户生计结构的基础，其性质和状况决定了农户所采用的生计策略，而不同生计策略类型农户由于生计资产特征和结构的差异，其土地利用方式和行为选择也会有很大的差异。因此，基于研究结论，从农户生计可持续发展和土地可持续利用的角度出发，本书特提出以下对策和建议：

8.2.1　鼓励土地流转，增加农户自然资产

我国农户最重要的自然资产是土地，农户所拥有土地资源的数量和质量都对农户土地利用行为产生重要影响。目前，我国农户拥有的土地规模较小，制约了土地利用效率的提高。政府可以通过制定相关优惠政策推动土地流转，发展适度规模经营，一方面，鼓励一部分较低收入农户外出务工，流出土地，一部分思想先进的农户流入土地，成为种、养大户；另一方面，鼓励较高收入农户回乡创业，建设村级企业、农业专业合作社，发展村级特色产业链。

8.2.2　强化农民培训，增加农户人力资产

农户劳动力的素质状况是影响农户土地利用的重要因素，目前我国农户劳动力素质不高，制约了农户土地利用效率的提高。一方面，要围绕现代农业建设，加强对从事农业生产农民的培训。要针对不同文化水平的农户进行不同技能的培训，培育一批农业生产经营型农民，一批农业后继农民和一批

农业操作型农民，构建一个完善的农村经营体系。另一方面，围绕农民转岗就业，搞好农村劳动力就业培训。要加快建立政府扶助、面向市场、多元办学的培训机制，发展多种形式的农村职业教育和成人教育，增强农民转移就业的能力，扩大农村劳动力转移培训。

8.2.3 改善农业基础设施，增加农户物质资产

农业生产基础设施包括道路和灌溉等基础设施的便利程度，它是农业生产不可或缺的前提条件，这些条件的好坏必然会对土地产出和利用效率产生重要影响。一方面，要加强道路基础设施建设，完善村组路网体系，确保村村通、组组通，解决农民群众出行难、运输难的问题。要着力于农村公路与干线公路的连接，修通省际间的公路，加大省际间农村公路改造的力度，提高公路等级和路网密度，改善乡村公路的通达深度。另一方面，要加强农田水利基础设施建设。全面规划、合理布局排灌体系，发挥水库、渠、塘的作用，增加农田有效灌溉面积。

8.2.4 加强金融支持，增加农户金融资产

金融资产的多少和可获得性体现了农户在创造收入、动员和运用资源方面的能力。金融资产对农户的投资与发展决策有重要影响，从而也会对农业产出与土地利用产生重要影响。一是积极引导和鼓励各类正规金融机构特别是涉农金融机构参与对农户生产的信贷支持，形成合力，从多渠道、多方面解决农户融资难问题。人民银行要进一步发挥货币政策窗口指导作用，通过再贷款、再贴现、差别化存款准备金等政策工具，积极引导各类正规金融机构加大对农户信贷的投放力度。鼓励支持市县农业银行、邮政储蓄银行以及村镇银行等新型农村金融机构积极开展针对农户的小额贷款业务。二是规范和引导民间金融组织如小额贷款公司等积极开展针对农户的小额贷款业务，发挥民间金融组织对正规金融体系的补充作用。

8.2.5 重建社会关系网络，增加农户社会资产

社会资产是影响文化融合与适应的关键因素，它在农户生产和生活困难的时候提供了外部支持及帮助。社会资产的性质和状况对农户的生计策略及资源的分配产生积极的影响，从而最终对农户的土地利用行为产生重要影响。因此要动员全社会力量参与进来关注农村社会建设，为农民的生产和生活提供一个良好的和谐环境。一是积极培育各种合作组织，增强不同组织、群体之间的联系，加固团体之间以及其他参与者和组织之间的交往网络，扩展生计资产的社会来源。二是健全农村信息服务网络，建立农户、市场、政府之间的交流平台，推动信息快速传播与交流，为农户的生产经营和就业提供可能的渠道。三是完善社会保障体系，为农户生产和创业解决后顾之忧并切实保护生计脆弱型人群。

8.3 研究展望

由于农户生计资产和土地利用变化涉及"自然—社会—经济"这个极其复杂的巨系统，因此探讨区域农户生计资产和土地利用问题是一个逐渐深入的过程。展望未来，还有以下主要问题需要深入研究：

8.3.1 农户生计资产和土地利用变化动态监测及高精度数据获取

掌握农户生计资产和土地利用的时空变化规律是研究生计资产及土地利用的基础与前提。因此，如何快速准确对区域农户生计资产和土地利用变化进行动态监测，获取区域农户生计资产和土地利用变化的长时间序列、连续的变化数据，如何将农户数据和空间数据相连接，实现社会经济数据的空间

化，运用空间模拟手段反映社会经济数据的变化特征，是今后需要深入研究的重要方向。

8.3.2 生计资产和土地利用问题研究方法的创新

由于生计资产和土地利用问题涉及地理学及社会经济学两大领域，因此要用多学科知识和方法的渗透交叉对该问题进行研究。利益相关者、博弈论等经济学理论的引入以及利用系统动力学和系统模拟的方法进行相关问题的研究将成为未来研究的热点方向。

8.3.3 强化农户生计资产和土地利用相互影响的机理研究

农户生计资产和土地利用的关系是相互作用和相互影响的关系。生计资产性质和状况的变化会导致土地利用的变化，而土地利用的变化又反作用于生计资产，影响生计资产的性质和状况。本书只研究了生计资产对土地利用的影响，没有研究土地利用对生计资产的影响。因此，如何发展和利用更加有效的系统分析方法，全面揭示农户生计资产和土地利用的关系值得今后深入研究。

参考文献

［1］Albinus M P，Makalle J O，Bamutaze Y. Effects of land use practices on livelihoods in the transboundary sub-catchments of the Lake Victoria Basin ［J］. African Journal of Environmental Science and Technology，2008，2（10）：309-317.

［2］Ashley C，Carney D. Sustainable livelihoods Lessons from early experience ［R］. London UK：Department for International Development，1999.

［3］Barrett C B，Bezuneh M，Aboud A.Income diversification poverty traps and policy shocks in Co "te d" I voire and Kenya ［J］. Food Policy，2001（26）：367-384.

［4］Barrett C B，Reardon T，Webb P. Nonfarm income diversification and household livelihood strategies in rural Africa：Concepts，dynamics and policy implIcations ［J］. Food Policy，2001（26）：315-331.

［5］Bradstock A. Changing livelihoods and land reform：Evidence from the Northern Cape province of South Africa ［J］. World Development，2005，33（11）：1979-1992.

［6］Carney D. Sustainable livelihoods approaches：Progress and possibilities for change ［R］. London，UK：Department for International Development，2002.

［7］Carr E R，Mc Cusker B. The co-production of land use and livelihoods change：Implications for development interventions ［J］. Geoforum，2009（40）：568-579.

[8] Chambers R, Conway G R. Sustainable rural livelihoods: Practical concepts for the 21st century [R]. Brighton, England: Institute of Development Stusies, TDS Discussion Paper 296, 1992.

[9] Clay D, Reardon T, Kangasniemi J. Sustainable intensification in the highland tropics: Rwandan farmers' investments in land conservation and soil fertility [J]. Economic Development and Cultural Change, 1998, 46 (2): 351-378.

[10] Ekblom A. Livelihood security vulnerability and resilience: A historical analysis of Chibuene, Southern Mozambique [J]. Ambio, 2012, 41 (5): 479-489.

[11] Ellis F, Mdoe N. Livelihoods and rural poverty reduction in Tanzania [J]. World Development, 2003, 31 (8): 1367-1384.

[12] Ellis F. Household strategies and rural livelihood diversification [J]. The Journal of Development Studies, 1998, 35 (1): 1-38.

[13] Ellis F. Rural livelihoods and diversity in developing countries [M]. Oxford: Oxford University Press, 2000.

[14] Hahn M B, Riederer A M, Foster S O. The livelihood vulnerability index: A pragmatic approach to assessing risks from climate variability and change-A case study in Mozambique [J]. Global Environmental Change, 2009, 19 (1): 74-88.

[15] Hanley N, Acs S, Dallimer M, et al. Farm-scale ecological and economic impacts of agricultural change in the upiands [J]. Land Use Policy, 2012, 29 (3): 587-597.

[16] Holden S, Shiferaw B, Pender J. Non-farm income household welfare and sustainable land management in a less-favoured area in the Ethiopian highlands [J]. Food Policy, 2004 (29): 369-392.

[17] Kassahun A, Snyuman H A, Smit G N. Impact of rangeland degradation on the pastoral production systems, livelihoods and perceptions of the Somali

pastoralists in Eastern Ethiopia [J]. Journal of Arid Environments, 2008 (72): 1265–1281.

[18] Koczberski G, Curry G N. Making a living: Land pressures and changing livelihood strategies among oil palm settlers in Papua New Guinea [J]. Agricultural Systems, 2005 (85): 324–339.

[19] Lambin E F, Baulies X, Bockstael N, et al. Land–Use and Land–Cover Change (LUCC): Implantation Shategy [R]. Stockholm and Geneva: TGBP Report No.48 and JHDP Report No.10, 1999.

[20] Lambin E F, Turner B L, Geist H J, et al. The causes of land–use and land–cover change: Moving beyond the myths [J]. Global Environment Change, 2001, 11 (4): 261–269.

[21] Liu J G, Dietz T, Carpenter S R, et al. Coupled human and natural systems [J]. Ambio, 2007, 36 (8): 593–596.

[22] Lu X, Huang X, Zhong T, et al. Comparative analysis of influence factors on arable land use intensity at farm household level: A case study comparing Suyu District of Suqian City and Taixing City, Jiangsu Province, China [J]. Chinese Geographical Science, 2012, 22 (5): 556–567.

[23] McCusker B, Carr E R. The co–production of livelihoods and land use change: Case studies from South Africa and Ghana [J]. Geoforum, 2006 (37): 790–804.

[24] Moran E, Ojima D, Buchmann N, et al. Global Land Project: Science plan and implementation strategy [R]. TGBP Secretariat, Stockholm: IGBP Report No.53/IHDP Report No.19, 2005.

[25] Niehof A. The significance of diversification for rural livelihood systems [J]. Food Policy, 2004, 29 (4): 321–338.

[26] Osbahr H, Twyma C, Adger W N, et al. Effective livelihood adaptation to climate change disturbance scale dimensions of practice in Mozambique

[J]. Geoforum, 2008, 39 (6): 1951–1964.

[27] Paavola J. Livelihoods, vulnerability and adaptation to climate change in Morogoro, Tanzania [J]. Environmental Science & Policy, 2008, 11 (7): 642–654.

[28] Pender J. Development pathways for hillsides and highlands: Some lessons from Central America and East Africa [J]. Food Policy, 2004, 29 (4): 339–367.

[29] Pretty J, Sutherland W J, Ashby J, et al. The top 100 questions of importance to the fixture of global agriculture [J]. International Journal of Agricultural Sustainability, 2010, 8 (4): 219–236.

[30] Ransom J K, Paudyal K, Adhikari K. Adoption of improved maize varieties in the hills of Nepal [J]. Agricultural Economics, 2003, 29 (3): 299–305.

[31] Rounsevell M D A, Pedroli B, Erb K, et al. Challenges for land system science [J]. Land Use Policy, 2012, 29 (4): 899–910.

[32] Scoones I. Sustainable rural livelihoods: A framework for analysis [R]. Brighton: Institute of Development Studies: IDS Working Paper No. 72, 1998.

[33] Sharp K. Measuring destitution integrating qualitative and quantitative approaches in the analysis of survey data [R]. Brighton: Institute of Development Studies: IDS Working Paper 217, 2003.

[34] Soini E. Land use change patterns and livelihood dynamics on the slopes of Mt, Kilimanjaro, Tanzania [J]. Agricultural Systems, 2005, 85 (3): 306–323.

[35] Solesbury W. Sustainable livelihoods: A case study of the evolution of DFID policy [R]. London: London Overseas Development Institute, Working Paper 217, 2003.

[36] Thongmanivong S, Fujita Y. Recent land use and livelihood transitions in northern Laos [J]. Mountain Research and Development, 2006, 26 (3): 237-244.

[37] Van Den Berg M. Household income strategies and natural disasters: Dynamic livelihoods in rural Nicaragua [J]. Ecological Economics, 2010, 69 (3): 592-602.

[38] Xu J C, Ai X H, Deng X Q. Exploring the spatial and temporal dynamics of land use in Xizhuang watershed of Yunnan, southwest China [J]. International Journal of Applied Earth Observation and Geoinformation, 2005 (7): 299-309.

[39] Yan J Z, Zhang Y L, Zhang L P, et al. Livelihood strategy and land use change: Case of Danzam village in the Upper Dadu River Watershed, Tibetan Plateau of China [J]. Chinese Geographical Science, 2009, 19 (3): 231-240.

[40] Zhang L P, Zhang Y L, Yan J Z, et al. Livelihood diversification and cropland use pattern inagro-pastoral mountainous region of eastern Tibetan Plateau [J]. Journal of Geographical Sciences, 2008, 18 (4): 499-509.

[41] 安迪, 许建初. 可持续生计框架: 对云南的生物多样性保护与社区发展的针对性 [R]. 云南省生物多样性与传统知识研究会 (CBIK) 社区生计部, 2003.

[42] 蔡运龙. 人地关系研究范型: 全球实证 [J]. 人文地理, 1996, 11 (3): 3-8.

[43] 蔡运龙. 土地利用/土地覆被变化研究: 寻求新的综合途径 [J]. 地理研究, 2001, 20 (6): 645-652.

[44] 蔡志海. 汶川地震灾区贫困村农户生计资本分析 [J]. 中国农村经济, 2010 (12): 7-14.

[45] 曹志宏, 梁流涛, 郝晋珉. 黄淮海地区农地利用集约度及其时空分布 [J]. 资源科学, 2009, 31 (10): 1779-1786.

[46] 陈传波，丁士军. 对农户风险及其处理策略的分析 [J]. 中国农村经济，2003.（11）：66-71.

[47] 陈春生. 中国农户的演化逻辑与分类 [J]. 农业经济问题，2007（11）：79-84.

[48] 陈洁，苏永玲. 禁牧对农牧交错带农户生产和生计的影响：对宁夏盐池县 2 乡 4 村 80 个农户的调查 [J]. 农业经济问题，2008（6）：73-79.

[49] 陈晓红，汪朝霞. 苏州农户兼业行为的因素分析 [J]. 中国农村经济，2007（4）：25-30.

[50] 陈瑜绮. 劳动力机会成本上升的耕地利用效应 [D]. 中国科学院研究生院博士学位论文，2009.

[51] 董文福，李秀彬. 密云水库上游地区"退稻还旱"政策对当地农民生计的影响 [J]. 资源科学，2007，29（2），21-27.

[52] Ellis Frank. 农民经济学：农民家庭农业和农业发展 [M]. 上海：上海人民出版社，2006.

[53] 方修琦，殷培红. 弹性、脆弱性和适应——IHDP 三个核心概念综述[J]. 地理科学进展，2007，26（5）：11-22.

[54] 高强. 发达国家农户兼业化的经验及启示 [J]. 中国农村经济，1999（9）：77-80.

[55] 高晓巍，左停. 农村社区互助与农户生计安全 [J]. 广西社会科学，2007（6）：149-152.

[56] 郝海广，李秀彬，辛良杰等. 农户兼业行为及其原因探析 [J]. 农业技术经济，2010（3）：14-21.

[57] 郝海广. 生态脆弱区农户土地利用决策的驱动机制研究——以内蒙古太仆寺旗为例 [D]. 中国科学院研究生院博士学位论文，2011.

[58] 何仁伟，刘邵权，陈国阶等. 中国农户可持续生计研究进展及趋向 [J]. 地理科学进展，2013，32（4）：657-670.

[59] 黄建伟. 失地农民可持续生计问题研究综述 [J]. 中国土地科学，

2011，25（6）：89-95.

[60] 花晓波.论农牧户生计与土地利用的关系——基于青藏高原三个农业生态区的实证 [D].西南大学博士学位论文，2014.

[61] 黄利民，张安录，刘成武.耕地利用集约度变化及其驱动机制研究——以湖北省通城县为例 [J].生态经济，2009（6）：78-81.

[62] 黄颖，吴惠芳.贫困山区农户生计创新的社会整合分析：基于皖西南村庄的调查 [J].农村经济，2008（1）：112-114.

[63] 靳小怡，李成华，杜海峰等.可持续生计分析框架应用的新领域：农民工生计研究 [J].当代经济科学，2011，33（3）：103-109.

[64] 孔祥智，种真，原梅生.乡村旅游业对农户生计的影响分析：以山西三个景区为例 [J].经济问题，2008（1）：115-119.

[65] 孔祥斌，李翠珍，王红雨等.京冀平原区地块尺度农户耕地集约利用差异对比 [J].农业工程学报，2010（52）：331-337.

[66] 赖玉珮，李文军.草场流转对干旱半干旱地区草原生态和牧民生计影响研究——以呼伦贝尔市新巴尔虎右旗为例资源科学，2012，34（6）：1039-1048.

[67] 黎洁，李亚莉，邰秀军等.可持续生计分析框架下西部贫困退耕山区农户生计状况分析 [J].中国农村观察，2009（5）：29-38.

[68] 李斌，李小云，左停.农村发展中的生计途径研究与实践 [J].农业技术经济，2004（4）：67-70.

[69] 李伯华，窦银娣，杨振等.社会关系网络变迁对农户贫困脆弱性的影响：以湖北省长岗村为例的实证研究 [J].农村经济，2011（3）：100-103.

[70] 李聪，李树苗，费尔德曼等.劳动力迁移对西部贫困山区农户生计资本的影响 [J].人口与经济，2010（6）：20-26.

[71] 李聪，李树苗，梁义成等.外出务工对流出地家庭生计策略的影响：来自西部山区的证据 [J].当代经济科学，2010，32（3）：77-85.

[72] 李翠珍，徐建春，孔祥斌.大都市郊区农户生计多样化及对土地利

用的影响 [J]. 地理研究，2012，31（6）：1039-1049.

[73] 李广东，邱道持，王利平等. 生计资产差异对农户耕地保护补偿模式选择的影响——渝西方山丘陵不同地带样点村的实证分析 [J]. 地理学报，2012，67（4）：504-515.

[74] 李更生. 农户农地经营决策行为研究——以贵阳市永乐乡水塘村为例 [D]. 贵州大学博士学位论文，2007.

[75] 李琳一，李小云. 浅析发展学视角下的农户生计资产 [J]. 农村经济，2007（10）：7-14.

[76] 李宪宝，高强. 行为逻辑、分化结果与发展前景——对1978年以来我国农户分化行为的考察 [J]. 农业经济问题，2013（2）：56-65.

[77] 李小建. 还原论与农户地理研究 [J]. 地理研究，2010，29（5）：767-777.

[78] 李小建等. 农户地理论 [M]. 北京：科学出版社，2009.

[79] 李小云，董强，饶小龙等. 农户脆弱性分析方法及其本土化应用. 中国农村经济，2007（4）：32-39.

[80] 李秀彬，朱会义，谈明洪等. 土地利用集约度的测度方法 [J]. 地理科学进展，2008，27（6）：12-17.

[81] 李秀彬. 对加速城镇化时期土地利用变化核心学术问题的认识[J]. 中国人口·资源与环境，2010，25（9）：1-5.

[82] 李秀彬. 农地利用变化假说与相关的环境效应命题 [J]. 地球科学进展，2008，23（11）：1124-1129.

[83] 李秀彬. 全球环境变化研究的核心领域——土地利用/土地覆被变化的国际研究动向 [J]. 地理学报，1996，51（6）：553-558.

[84] 李秀彬. 土地利用变化的解释 [J]. 地理科学进展，2002，21（3）：95-203.

[85] 梁流涛，曲福田，诸培新等. 不同兼业类型农户的土地利用行为和效率分析：基于经济发达地区的实证研究 [J]. 资源科学，2008，30（10）：

1525-1531.

[86] 梁义成，李树茁，李聪. 基于多元概率单位模型的农户多样化生计策略分析 [J]. 统计与决策，2011（15）：63-67.

[87] 刘成武，李秀彬. 1980~2002 年中国农地利用变化的时序特征 [J]. 农业工程学报，2006，22（4）：194-198.

[88] 刘成武，李秀彬. 对中国农地边际化现象的诊断——以三大粮食作物生产的平均状况为例 [J]. 地理研究，2006，25（5）：895-904.

[89] 刘成武，李秀彬. 基于生产成本的中国农地利用集约度的变化特征 [J]. 自然资源学报，2006，21（1）：9-15.

[90] 刘涛，曲福田，金晶等. 土地细碎化、土地流转对农户土地利用效率的影响 [J]. 资源科学，2008，30（10）：1511-1516.

[91] 刘彦随，龙花楼，张小林等. 中国农业与乡村地理研究进展与展望 [J]. 地理科学进展，2011，30（12）：1498-1505.

[92] 鲁礼新. 贵州沙坡农户行为与环境变迁——人地关系的微观研究 [M]. 郑州：黄河水利出版社，2006.

[93] 陆大道. 关于地理学的"人—地系统"理论研究 [J]. 地理研究，2002，21（2）：135-145.

[94] 陆大道. 中国地理学的发展与全球变化研究 [J]. 地理学报，2011，66（2）：147-156.

[95] Martha G R，杨国安. 可持续研究方法国际进展：脆弱性分析与可持续生计方法比较 [J]. 地理科学进展，2003，22（1）：6-12.

[96] 蒙吉军，艾木入拉，刘洋等. 农牧户可持续生计资产与生计策略的关系研究——以鄂尔多斯市乌审旗为例 [J]. 北京大学学报（自然科学版），2013，49（2）：321-328.

[97] 欧阳进良，宋春梅，宇振荣等. 黄淮海平原农区不同类型农户的土地利用方式选择及其环境影响——以河北省曲周县为例 [J]. 自然资源学报，2004，19（1）：1-11.

[98] 庞英. 山东沿海地区耕地利用集约度时空特征 [J]. 农业工程学报，2011（9）：328-333.

[99] 蒲春玲，马瑛，薛曜祖等. 新疆南部地区棉农生计变化影响因素分析：基于阿克苏地区阿瓦提县 400 户棉农的调查数据 [J]. 技术经济与管理研究，2011（4）：22-25.

[100] 邵怀勇，仙巍，杨武年等. 三峡库区近 50 年间土地利用/覆被变化 [J]. 应用生态学报，2008，19（2）：453-458.

[101] 邵景安，邵全琴，清水等. 农牧民偏好对政府主导生态建设工程的生态适应性意义——以江西山江湖和青海三江源为例 [J]. 地理研究，2012，31（8）：1490-1502.

[102] 苏芳，蒲欣冬，徐中民等. 生计资本与生计策略关系研究——以张掖市甘州区为例 [J]. 中国人口·资源与环境，2009，19（6）：119-125.

[103] 苏芳，徐中民，尚海洋. 可持续生计分析研究综述 [J]. 地球科学进展，2009，24（1）：61-69.

[104] 苏飞，庞凌峰，马莉莎. 生计资本对杭州市农民工生活满意度的影响 [J]. 浙江农业学报，2014，26（1）：241-246.

[105] 苏磊，付少平. 农户生计方式对农村生态的影响及其协调策略 [J]. 湖南农业大学学报（社会科学版），2011，12（3）：47-54.

[106] 孙文华. 农户分化：微观机理与实证分析——基于苏中三个样本村 705 个农户的调查 [J]. 江海学刊，2008（4）：114-119.

[107] 谭淑豪，Heerink Nico，曲福田. 土地细碎化对中国东南部水稻小农户技术效率的影响 [J]. 中国农业科学，2006，39（12）：2467-2473.

[108] 潭淑豪，曲福田，黄贤金. 市场经济环境下不同类型农户土地利用行为差异及土地保护政策分析 [J]. 南京农业大学学报，2001，24（2）：110-114.

[109] 唐永木. 人力资本对农村家庭贫困的影响研究 [D]. 华中农业大学博士学位论文，2010.

[110] 唐轲. 可持续生计框架下退耕还林对农户生计影响研究——以陕西省周至县为例 [D]. 西北农林科技大学博士学位论文, 2009.

[111] 田帅. 西南丘陵地区土地流转对农户生计的影响因素分析 [D]. 西南大学博士学位论文, 2008.

[112] 田玉军, 李秀彬, 马国霞等. 劳动力析出对生态脆弱区耕地撂荒的影响 [J]. 中国土地科学, 2010, 24 (7): 4-9.

[113] 田玉军. 劳动力务农机会成本上升对农地利用的影响——以宁夏南部山区为例 [D]. 中国科学院研究生院博士学位论文, 2010.

[114] 王成超, 杨玉盛. 基于农户生计策略的土地利用/覆被变化效应综述 [J]. 地理科学进展, 2012, 31 (6): 792-798.

[115] 王成超, 杨玉盛. 基于农户生计演化的山地生态恢复研究综述 [J]. 自然资源学报, 2011, 26 (2): 344-352.

[116] 王成超, 杨玉盛. 农户生计非农化对耕地流转的影响: 以福建省长汀县为例 [J]. 地理科学, 2011, 31 (11): 1362-1367.

[117] 王成超. 农户生计行为变迁的生态效应: 基于社区增权理论的案例研究 [J]. 中国农学通报, 2010, 26 (18): 315-319.

[118] 王济川, 郭志刚. Logistic 回归模型: 方法与应用 [M]. 北京: 高等教育出版社, 2001.

[119] 王利平, 王成, 李晓庆. 基于生计资产量化的农户分化研究——以重庆市沙坪规区白林村 471 户农户为例 [J]. 地理研究, 2012, 31 (5): 945-954.

[120] 韦鸿. 农地利用的经济学分析 [M]. 北京: 中同农业出版社, 2008.

[121] 吴传钧. 论地理学的研究核心——人地关系地域系统 [J]. 经济地理, 1991 (3): 1-6.

[122] 吴传钧. 人地关系地域系统的理论研究及调控 [J]. 云南师范大学学报 (哲学社会科学版), 2008, 40 (2): 1-3.

[123] 吴旭鹏，金晓霞，刘秀华等.生计多样性对农村居民点布局的影响：以丰都县为例 [J].西南农业大学学报（社会科学版），2010，8（5）：13-17.

[124] 吴莹莹.农户生计多样化和土地利用变化——大渡河上游典型村的实证研究 [D].西南大学博士学位论文，2009.

[125] 吴郁玲，顾湘，周勇.农户视角下湖北省耕地利用集约利用影响因素分析 [J].中国土地科学，2012，26（2）：50-55.

[126] 信桂新.农户生计变化与社会主义新农村建设 [D].西南大学博士学位论文，2009.

[127] 向国成，韩绍风.农户兼业化：基于分工视角的分析 [J].中国农村经济，2005（8）：4-9.

[128] 谢东梅.农户生计资产量化分析方法的应用与验证——基于福建省农村最低生活保障目标家庭瞄准效率的调研数据 [J].技术经济，2009，28（9）：43-49.

[129] 谢花林.典型农牧交错区土地利用变化驱动力分析 [J].农业工程学报，2008，24（10）：56-62.

[130] 谢旭轩，张世秋，朱山涛.退耕还林对农户可持续生计的影响 [J].北京大学学报（自然科学版），2010，46（3）：457-464.

[131] 辛良杰，李秀彬.近年来我国南方双季稻区复种的变化及其政策启示 [J].自然资源学报，2009，24（1）：58-65.

[132] 辛良杰.劳动力约束下的农地利用变化研究——以浙江、吉林为例 [D].中国科学院研究生院博士学位论文，2009.

[133] 徐鹏，徐明凯，杜漪.农户可持续生计资产的整合与应用研究：基于西部 10 县（区）农户可持续生计资产状况的实证分析 [J].农村经济，2008（12）：89-93.

[134] 许恒周，郭玉燕，吴冠岑.农民分化对耕地利用效率的影响——基于农户调查数据的实证分析 [J].中国农村经济，2012（6）：31-39.

[135] 许学工，李双成，蔡运龙. 中国综合自然地理学的研究进展与前瞻 [J]. 地理学报，2009，64（9）：1027–1038.

[136] 姚冠荣、刘桂英、谢花林. 中国耕地利用投入要素集约度的时空差异及其影响因素分析 [J]. 自然资源学报，2014，29（11）：1836–1848.

[137] 阎建忠，吴莹莹，张镱锂等. 青藏高原东部样带农牧民生计的多样化 [J]. 地理学报，2009，64（2）：221–233.

[138] 阎建忠，喻鸥，吴莹莹等. 青藏高原东部样带农牧民生计脆弱性评估 [J]. 地理科学，2011，31（7）：858–867.

[139] 阎建忠，张镱锂，摆万奇等. 大渡河上游生计方式的时空格局与土地利用/覆被变化 [J]. 农业工程学报，2005，21（3）：83–89.

[140] 阎建忠，卓仁贵，谢德体等. 不同生计类型农户的土地利用——三峡库区典型村的实证研究 [J]. 地理学报，2010，65（11）：1401–1410.

[141] 阎建忠. 大渡河上游生计方式演变与土地覆被变化——从局地到区域的解释 [D]. 中国科学院研究生院博士学位论文，2004.

[142] 杨春平. 中国农民的兼业成因及其影响 [J]. 东岳论丛，2010，31（9）：132–135.

[143] 杨培涛. 牧民生计资本与生计策略的关系研究——以甘南藏族自治州为例 [D]. 西北师范大学博士学位论文，2009.

[144] 杨云彦，赵锋. 可持续生计分析框架下农户生计资本的调查与分析：以南水北调（中线）工程库区为例 [J]. 农业经济问题，2009（3）：58–65.

[145] 喻鸥，阎建忠，张镱锂. 区域气候变化脆弱性综合评估研究进展 [J]. 地理科学进展，2011，30（1）：27–34

[146] 喻鸥. 青藏高原东部样带农牧户生计脆弱性定量评估——以11个典型乡镇为例 [D]. 西南大学博士学位论文，2010.

[147] 张海盈. 生计资本与参与旅游业牧民生计策略关系研究——以新疆喀纳斯生态旅游景区为例 [J]. 旅游论坛，2013，6（4）：61–65.

[148] 张丽萍，张镱锂，阎建忠等. 青藏高原东部山地农牧区生计与耕

地利用模式 [J]. 地理学报，2008，63（4）：377-385.

[149] 张丽萍. 农户生计多样化与土地利用变化——以大渡河上游典型村为例 [D]. 中国科学院研究生院博士学位论文，2007.

[150] 张琳，张凤荣，安萍莉等. 不同经济发展水平下的耕地利用集约度及其变化规律比较研究 [J]. 农业工程学报，2008，24（1）：108-112.

[151] 张琳，张凤荣，吕贻忠等. 耕地利用集约度的变化规律研究 [J]. 中国农业科学，2008，41（12）：4127-4133.

[152] 张叶生. 大渡河上游地区农广生计策略与土地利用——以金川县典型村为例 [D]. 西南大学博士学位论文，2012.

[153] 赵京，杨钢桥. 耕地利用集约度变化影响因素典型相关分析 [J]. 中国人口·资源与环境，2010，20（10）：103-108.

[154] 赵雪雁，李巍，杨培涛等. 生计资本对甘南高原农牧民生计活动的影响 [J]. 中国人口·资源与环境，2011，21（4）：111-118.

[155] 赵雪雁. 不同生计方式农户的环境感知——以甘南高原为例 [J]. 生态学报，2012，32（21）：6776-6787.

[156] 赵雪雁. 生计资本对农牧民生活满意度的影响——以甘南高原为例 [J]. 地理研究，2011，30（4）：687-698.

[157] 周晔馨. 社会资本是穷人的资本吗？——基于中国农户收入的经验证据 [J]. 管理世界，2012（7）：83-95.

[158] 朱会义，李秀彬，辛良杰. 现阶段我国耕地利用集约度变化及其政策启示 [J]. 自然资源学报，2007，22（6）：907-915.

[159] 朱利凯，蒙吉军，刘洋等. 农牧交错区农牧户生计与土地利用：以内蒙古鄂尔多斯市乌审旗为例 [J]. 北京大学学报（自然科学版），2011，47（1）：133-140.

[160] 左停，王智杰. 穷人生计策略变迁理论及其对转型期中国反贫困之启示 [J]. 贵州社会科学，2011（9）：54-59.

[161] 卓仁贵. 农户生计多样化与土地利用 [D]. 西南大学博士学位论

文，2010.

[162] 钟太洋，黄贤金. 农户层面土地利用变化研究综述 [J]. 自然资源学报，2007，22（3）：341-350.

后　记

随着学位论文的定稿，博士学习也即将画上圆满的句号。回想这几年的学习，感慨万千，期间有太多的悲、喜、苦和乐。从论文选题到资料收集，从开题报告到初稿完成，再到论文的反复修改，回顾这段充满着探索与迷惑、饱含汗水与喜悦的时光，我有太多的感谢想对曾经帮助和支持我的老师、亲人和朋友表达。因为有了你们的关心、支持和帮助，艰辛的求学之路才变得充实而有乐趣。

首先要感谢导师谢花林教授，谢花林教授踏实严谨的作风感染着我的学习和生活，三年来谢老师给予我孜孜不倦的教诲，在课题研究和论文写作上给予我悉心的指导，从选题、构思、框架结构的设计及完善，以及具体内容的撰写及修改，无不渗透着老师的沥沥心血。老师以极大的耐心和责任心，包容了我的种种缺点和过失，不仅在学术上悉心指导，而且在其他方面也给予我无微不至的关怀。让我这个学艺不精的学生感到非常的感动，如果没有谢老师呕心沥血的指导，我完成学业的道路可能会举步维艰。在此，谨向恩师致以最衷心的感谢和最诚挚的敬意！

其次特别感谢江西农业大学经济管理学院郑瑞强老师，借着与郑老师合作做课题的机会，为我博士论文的调研工作提供了帮助和便利，还要特别感谢杨国强、饶盼、胡金德和尤志良等几位参与调研的研究生，正是你们的辛勤劳动奠定了论文的数据基础。特别是杨国强同学，从论文前期的调研到后期的数据处理付出了大量劳动。

感谢我们充满团结和温馨的师门大家庭，在这里找到了家一般的归宿感。正是同门师弟师妹们经常聚在一起的探讨，我的论文写作才得以不断地规范和提高。特别是姚冠荣老师，在论文的整个写作过程中给予我很多的建议和帮助。

我的博士学业能够顺利完成，也离不开江西农业大学经济管理学院的各位领导和同人的大力支持。感谢谢元态教授、陈昭玖教授、朱述斌教授、朱红根教授、胡凯教授、郭锦墉教授、郭如良书记、刘庆言副书记以及唐茂林、汪兴东、张伟、陈胜东等老师。

我的博士论文的顺利完成离不开江西财经大学鄱阳湖生态经济研究院浓厚学术氛围的熏陶和众多老师及同学的关心与帮助。感谢孔凡斌教授、张利国教授、肖文海教授、廖卫东教授、邹秀清教授、但承龙教授和罗珏等老师。感谢熊凯、吴雄平和陈苏等同学。

最后，特别感谢我的家人！父亲和母亲用朴素的亲情默默地鼓励和支持着我的学业；特别感谢爱人魏树英，在我的博士学习期间，她在精神上鼓励我，在生活上照顾我，没有她的理解和付出，我不可能全心求学；感谢宝贝女儿刘慧怡，在我的博士求学期间，她一天天长大，她的天真活泼、言谈举止给我和家庭带来无限的欢乐及喜悦。

再次感谢所有关心和帮助过我的人，谢谢！

刘志飞

2015 年 10 月于金桥慧景家中